ULRICH WAHL

Die verfehlte internationale Zuständigkeit

Schriften zum Prozessrecht

Band 34

Die verfehlte internationale Zuständigkeit

Forum non conveniens und internationales Rechtsschutzbedürfnis

Von

Dr. Ulrich Wahl

DUNCKER & HUMBLOT / BERLIN

Alle Rechte vorbehalten
© 1974 Duncker & Humblot, Berlin 41
Gedruckt 1974 bei Berliner Buchdruckerei Union GmbH., Berlin 61
Printed in Germany
ISBN 3 428 03066 4

Meinen Eltern

Vorwort

Die vorliegende Arbeit hat im Jahr 1972 der rechts- und staatswissenschaftlichen Fakultät in Bonn als Dissertation vorgelegen.

Mein Dank gilt Herrn Prof. Dr. Beitzke, der die Arbeit angeregt und betreut hat, sowie Herrn Prof. Dr. Jayme, der während seiner Bonner Lehrtätigkeit stets zu Diskussion und Anregung bereit war. Die Bearbeitung des amerikanischen Rechts wurde entscheidend gefördert durch einen viermonatigen Studienaufenthalt an der University of California in Berkeley; Herrn Prof. Dr. Ehrenzweig bin ich für die freundliche Aufnahme während dieser Zeit besonders verpflichtet.

Das Erscheinen der Arbeit wäre nicht möglich gewesen ohne die großzügige Unterstützung durch den Verlag Duncker & Humblot, dem ich an dieser Stelle ebenfalls meinen Dank aussprechen möchte.

St. Augustin, Juli 1973   *Ulrich Wahl*

Inhaltsübersicht

Einleitung 19

1. Teil

Das Problem 21

§ 1: *Ausgangsfälle* 21
    I. Drei Fälle 21
    II. Analyse: Die verfehlte Zuständigkeit 22
        1. § 23 ZPO 23
        2. § 32 ZPO 24
        3. §§ 606 ff. ZPO 25
    III. Schlußfolgerung: Zuständigkeitsablehnung im Einzelfall? 25

§ 2: *Besonderheiten der internationalen Zuständigkeit* 27
    I. Internationale Zuständigkeit — Gerichtsbarkeit — örtliche Zuständigkeit 27
    II. Besonderheiten der internationalen Zuständigkeit gegenüber der örtlichen Zuständigkeit 28
        1. Die Bedeutung der internationalen Zuständigkeit für den Prozeß 28
        2. Die Vielzahl der zu berücksichtigenden Interessen 29
        3. Die Unquantifizierbarkeit der Interessen 30

§ 3: *Die Unzulänglichkeit starrer Regeln* 31
    I. Interesseneliminierung und Anbieten von Alternativen im Zuständigkeitsrecht 32
    II. Die Methoden zur Regelbildung und ihre Mängel 32
        1. Interessenisolierung contra Interessenkumulation 32
        2. Reduktion auf „ja" oder „nein" contra Unquantifizierbarkeit 34
    III. Die ergänzende Generalklausel 35

2. Teil

Das anglo-amerikanische Beispiel: Forum non conveniens 37

§ 4: Grundlagen 38

    I. Die jurisdiction der englischen und amerikanischen Gerichte 38

        1. Der Ausgangspunkt: Anwesenheit der Person, Belegenheit der Sache 39

        2. Die Erweiterung der jurisdiction für persönliche Klagen 40

           a) „forum conveniens" in England 40

           b) „Quasi in rem jurisdiction", „minimum contacts" und „long-arm statutes" in den USA 40

        3. Einschränkungen der jurisdiction durch forum non conveniens 42

        4. Ergebnis 43

    II. Ansätze zum Zuständigkeitsermessen im anglo-amerikanischen Recht 44

        1. „Jurisdiction" und „exercise of jurisdiction" 44

        2. Discretionary jurisdiction — equity 44

        3. Discretion bei der örtlichen Zuständigkeit („venue") 45

    III. Die Entwicklung von forum non conveniens 46

        1. Ausgangspunkt in Schottland 46

        2. England — vexation und oppression 46

        3. USA 48

           a) Discretionary jurisdiction über nonresidents 48

           b) Discretionary jurisdiction in „admiralty"-Sachen 49

           c) Der Aufsatz von Blair 49

           d) Die Anerkennung als allgemeine Doktrin 50

§ 5: Das geschützte Rechtsgut 53

    I. Allgemeine öffentliche Interessen 53

    II. Verfahrensgerechtigkeit im Einzelfall 55

    III. Das Ineinandergreifen von allgemeinen öffentlichen Interessen und Verfahrensgerechtigkeit 57

§ 6: „Will the Court take jurisdiction?" 58

    I. Forum non conveniens und jurisdiction 58

    II. Forum non conveniens auf Antrag oder von Amts wegen 59

    III. Die Anerkennung des Urteils eines forum non conveniens 60

Inhaltsübersicht

§ 7: *Forum non conveniens als Auswahl zwischen verschiedenen Gerichten* 61

   I. Das andere Gericht 61
- 1. Die Durchführbarkeit des Verfahrens vor dem anderen Gericht 61
  - a) Die jurisdiction des anderen Gerichts 61
  - b) Das Problem der Verjährung 63
- 2. Die Erreichbarkeit des anderen Gerichts 63
- 3. Konsuln als anderes Gericht 64

   II. Konsequenzen für den Anwendungsbereich der forum non conveniens-Lehre 65
- 1. personal jurisdiction 65
- 2. in rem jurisdiction 65
- 3. quasi in rem jurisdiction 67

§ 8: *Inconvenient und convenient forum* 68

   I. Die Suche nach einem besseren Gericht 68

   II. Faktoren und Anknüpfungen 69

   III. Die wichtigsten Faktoren 70
- 1. Die Staatsangehörigkeit der Parteien (citizenship) 70
- 2. Wohnort (residence) der Parteien 72
- 3. Der Handlungsort 76
- 4. Beweismittel, insbesondere Zeugen 79
  - a) Notwendigkeit und Geeignetheit 79
  - b) Konzentration 80
  - c) Möglichkeit und Zumutbarkeit der Herbeischaffung 80
- 5. Anwendbares Recht 81
  - a) Das anwendbare Recht als Faktor 81
  - b) Forum non conveniens als Kollisionsnorm zur Begrenzung der lex fori 84
- 6. Vollstreckungsmöglichkeiten 86
- 7. Zeitablauf 87
- 8. Verfahrenskonzentration 89
  - a) Doppelte Rechtshängigkeit 89
  - b) Ersparung mehrfacher Prozeßführung gegen verschiedene Beklagte 91
- 9. Vereinbarung eines ausländischen Gerichts 91
- 10. Andere Faktoren 95
  - a) Kostenfragen 95
  - b) Sitz des Anwaltsbüros 95

Inhaltsübersicht

§ 9: Forum non conveniens als Ermessensklausel 95
    I. Fehlen einer festen Regel 96
    II. Beschränkte Bindung an Präjudizien 97
    III. Beschränkte Nachprüfbarkeit in höherer Instanz 97

§ 10: Die Funktion der gesetzlichen Zuständigkeitsregeln 98
    I. Zuständigkeitsnorm und forum non conveniens 98
        1. Die Richtigkeitsvermutung 98
        2. Die Rechtsverfolgungsgarantie 99
        3. Die Beweislastverteilung 99
    II. Norm und forum conveniens in England (R.S.C. Ord. XI) 100

§ 11: Die Entscheidung des Gerichts 104
    I. Stay of proceedings 104
    II. Dismissal und conditional dismissal 105

§ 12: Rechtsmittel gegen die forum non conveniens-Entscheidung 107

§ 13: Forum non conveniens in der Kritik 108
    I. Kritik an der Praxis — Befürwortung der Lehre 108
    II. Forum non conveniens und Rechtssicherheit 110
        1. Erhöhung der Rechtssicherheit innerhalb von forum non conveniens 110
        2. Rechtsunsicherheit auch bei festen Normen 110
        3. Rechtsunsicherheit als Zwang zum geeigneten Gerichtsstand 111
        4. Die Wertentscheidung zugunsten der Rechtsunsicherheit 111
    III. Forum non conveniens als Rechtfertigung für eine Zuständigkeitserweiterung 111
    IV. Die Mitverantwortung des Klägers für einen geeigneten Gerichtsstand 112

3. Teil

Forum non conveniens in Deutschland   114

§ 14: Ansätze im deutschen Recht 115
    I. Ansätze im Gesetz 115
        1. § 650 ZPO 115

2. § 47 FGG 115
　　　3. § 36 Ziff. 3 ZPO 116
　II. Prorogation und forum non conveniens 116
　III. Ansätze in Entscheidungen 116

§ 15: *Das internationale Rechtsschutzbedürfnis* 119
　I. Parallelen und Unterschiede zu forum non conveniens 119
　II. Die Einfachheit und Billigkeit des Verfahrens als Kriterium für das internationale Rechtsschutzbedürfnis 120
　III. Rechtsschutzbedürfnis und das Prozeßziel „richtiges Urteil durch ein gerechtes Verfahren" 123
　IV. Das Fehlen des internationalen Rechtsschutzbedürfnisses am forum non conveniens 126

§ 16: *Forum non conveniens im deutschen Prozeß* 126

§ 17: *Schluß* 128

Anhang

A: Das long-arm statute von Illinois (Smith - Hurd, Illinois Annotated Statutes ch. 110 § 17) 130

B: Gesetzliche Regelungen für forum non conveniens 130
　I. Statute und Entwurf von Kalifornien 130
　　　1. Code of Civil Procedure § 410 130
　　　2. Senatsentwurf vom 5. 5. 1953 (Senate Bill No. 1960) 130
　II. Statute von Wisconsin (West's Wisconsin Statutes Annotated 262.19/20) 131
　III. Ninth Report of the Judicial Conference to the Legislature on the Civil Practice Law and Rules (1 McKinney's Session Law News of New York 1971, S. A-12/13) 132

C: Der Faktorenkatalog von Great Northern Railway Comp. v. Superior Court, 12 Cal. App. 3d 105, 90 Cal. Rptr. 461/466 f. (1970) 133

Schrifttumsverzeichnis 135

Entscheidungsverzeichnis 141

Besondere Abkürzungen

A.	Atlantic Reporter
A.C.	Law Reports, Appeal Cases (ab 1876)
AcP	Archiv für die zivilistische Praxis
A.D.	Appellate Division (New York)
aff'd	affirmed
Ala.	Alabama
All.E.R.	All England Law Reports
A.L.R.	American Law Reports
Am.J.Comp.L.	American Journal of Comparative Law
App.	Court of Appeal(s) oder Appellate Division (bei state-court Entscheidungen außer New York)
Ark.	Arkansas
C.A.	Court of Appeal(s)
Cal.	Kalifornien
Cal.App.	California Court of Appeal Reports
Cal.L.Rev.	California Law Review
Cal.Rptr.	California Reporter
cert.den.	certiorari denied
Ch.	Chancery Division Law Reports, Chancery Division (ab 1891)
Ch.D.	Law Reports, Chancery Division (1876 - 1890)
Cir.	Circuit Circuit Court
Clunet	Journal du Droit International (fondé par Edouard Clunet)
COGSA	Carriage of Goods by Sea Act
Col.L.Rev.	Columbia Law Review
conc.	concurring opinion
Cornell L.Q.	Cornell Law Quarterly
C.P.	Court of Common Pleas (bis 1875)
Ct.	Court
D.	District
D.C.	District of Columbia
Del.	Delaware
diss.	dissenting opinion
E.D.	Eastern District

Engl. Rep.	English Reports
F.	Federal Reporter
Fed.	Federal Reporter (ältere Entscheidungen)
FELA	Federal Employers' Liability Act
Fla.	Florida
F.Supp.	Federal Supplement
Ga.	Georgia
GRUR	Gewerblicher Rechtsschutz und Urheberrecht
Harv.L.Rev.	Harvard Law Review
Hastings L.J.	Hastings Law Journal
H.L.	House of Lords
I.C.L.Q.	International and Comparative Law Quarterly
Ill.	Illinois
Ill.L.Rev.	Illinois Law Review
Ind.	Indiana
Ind.L.J.	Indiana Law Journal
IPRspr.	Die deutsche Rechtsprechung auf dem Gebiete des internationalen Privatrechts
J.Mo.B.	Journal of the Missouri Bar
Johns.R.	Johnson's Reports of the New York Supreme Court
J.Pub.L.	Journal of Public Law
JR	Juristische Rundschau
JZ	Juristenzeitung
Kan.	Kansas
K.B.	King's Bench Division Law Reports, King's Bench Division (ab 1891) Court of King's Bench (bis 1876)
La.	Louisiana
Law & Contemp.Probl.	Law and Contemporary Problems
L.ed.	United States Supreme Court Reports, Lawyers' Edition
Lloyd's Rep.	Lloyd's Law Reports (bis 1967: Lloyd's List Law Reports)
LM	Lindenmaier - Möhring
L.Q.R.	Law Quarterly Review
L.R. C.P.	Law Reports, Court of Common Pleas (1866 - 1875)
L.R. Ch.	Law Reports, Chancery Appeal Cases (1866 - 1875)
L.R. Q.B.	Law Reports, Court of Queen's Bench (1866 - 1875)
Mass.	Massachusetts
Md.	Maryland
Me.	Maine
Mich.L.Rev.	Michigan Law Review
Minn.	Minnesota
Minn.L.Rev.	Minnesota Law Review

Miss.	Mississippi
Mo.	Missouri
Mo.L.Rev.	Missouri Law Reviw
Mt.	Montana
Nev.	Nevada
N.E.	North Eastern Reporter
N.H.	New Hampshire
N.J.	New Jersey
NJW	Neue Juristische Wochenschrift
N.M.	New Mexico
N.W.	North Western Reporter
N.Y.	New York
N.Y.S.	New York Supplement
N.Y.Supp.	New York Supplement (ältere Entscheidungen)
N.Y.Univ.Intr.L.Rev.	New York University Intramural Law Review
N.Y.Univ.L.Rev.	New York University Law Review
Okl.	Oklahoma
Okl.L.Rev.	Oklahoma Law Review
Or.	Oregon
Ord.	Order
Österr. JZ	Österreichische Juristen-Zeitung
P.	Pacific Reporter
Pa.	Pennsylvania
Pac.L.J.	Pacific Law Journal
P.D.A.	Probate, Divorce and Admiralty Division
Q.B.	Queen's Bench Division Law Reports, Queen's Bench Division (ab 1891) Court of Queen's Bench (bis 1875)
Q.B.D.	Law Reports, Queen's Bench Division (1876 - 1890)
r.	rule
RabelsZ	Zeitschrift für ausländisches und internationales Privatrecht, begründet von Ernst Rabel
Rec. des Cours	Recueil des Cours
rev'd	reversed
R.S.C.	Rules of the Supreme Court
S.C.	Session Cases, Cases decided in the Court of Session
S.C. (H.L.)	Session Cases, Cases decided in the House of Lords
Schw.Jahrb.Int.R.	Schweizerisches Jahrbuch für internationales Recht
S.Ct.	Supreme Court
S.D.	Southern District
S.E.	South Eastern Reporter
S.H.A.	Smith-Hurd, Illinois Annotated Statutes
So.	Southern Reporter
Stanf.L.Rev.	Stanford Law Review

Super.	Superior Court
S.W.	South Western Reporter
Tenn.	Tennessee
Tex.	Texas
Tex.L.Rev.	Texas Law Review
T.L.R.	Times Law Reports
UCLA L.Rev.	UCLA (University of California, Los Angeles) Law Review
Univ.Chic.L.Rev.	University of Chicago Law Review
Univ.Fla.L.Rev.	University of Florida Review
Univ.Ill.L.For.	University of Illinois Law Forum
Univ.Ill.L.Rev.	University of Illinois Law Review
U.S.	United States Supreme Court Reports
U.S.C.	United States Code
Wash.	Washington
Wash.L.Rev.	Washington Law Review
Wayne L.Rev.	Wayne Law Review
Wheat.	Wheaton's United States Supreme Court Reports (1816 - 1827)
Wis.	Wisconsin
W.L.R.	Weekly Law Reports
W.S.A.	West's Wisconsin Statutes Annotated
Yale L.J.	Yale Law Journal
ZZP	Zeitschrift für Zivilprozeß

"Aufgabe einer Dogmatik, einer Lehre ist allemal, nicht nur einen als gesichert erscheinenden Schatz von Erkenntnissen weiterzugeben, sondern ihn auch ständig kritisch daraufhin zu prüfen, ob und inwieweit er gegenüber den neuen Anforderungen, die das Leben stellt, ausreicht und ihn gegebenenfalls weiter zu entwickeln, umzubilden oder zu ergänzen."

Karl Larenz, JZ 1962, 105

Einleitung

Die internationale Zuständigkeit ist in den letzten Jahren immer stärker in den Mittelpunkt des Interesses gerückt. Seit der Monographie von *Neuner* aus dem Jahre 1929[1] hat sich eine Vielzahl wissenschaftlicher Abhandlungen mit ihrer Problematik beschäftigt[2]. Die Rechtsprechung konnte sich den dabei gewonnenen Erkenntnissen auf die Dauer nicht verschließen. In dem Beschluß des Großen Senats für Zivilsachen vom 14. 6. 1965[3] hat der BGH wohl endgültig die Eigenständigkeit

---

[1] Neuner, Internationale Zuständigkeit (1929).
[2] Insbes. Pagenstecher, Gerichtsbarkeit und internationale Zuständigkeit als selbständige Prozeßvoraussetzungen, RabelsZ 11 (1937), 337; Reu, Die staatliche Zuständigkeit im internationalen Privatrecht (1938); Riezler, Internationales Zivilprozeßrecht (1949), S. 197 ff.; ders., Zur sachlichen internationalen Unzuständigkeit, in Festgabe Rosenberg (1949), S. 199 ff.; Eckstein, Zur Lehre von der Gerichtsbarkeit und der internationalen Zuständigkeit im deutschen Zivilprozeß (Diss. 1951); Matthies, Die deutsche internationale Zuständigkeit (1955); Neuhaus, Internationales Zivilprozeßrecht und IPR, RabelsZ 20 (1955), 201 ff.; Kralik, Die internationale Zuständigkeit, ZZP 74 (1961), 2 ff.; von Overbeck, Internationale Zuständigkeit und anwendbares Recht, Schw. Jahrb. Int. R. 21 (1964), 25 ff.; Bauer, Hubert, Compétence judiciaire internationale des tribunaux civils français et allemands (1965); Booß, Fragen der wesenseigenen Zuständigkeit im internationalen Familienrecht (Diss. 1965); Geimer, Zur Prüfung der Gerichtsbarkeit und der internationalen Zuständigkeit bei der Anerkennung ausländischer Urteile (1966); Müller, Horst, Die internationale Zuständigkeit, in Deutsche Landesreferate zum VII. Internationalen Kongreß für Rvgl. in Uppsala 1966 (1967), S. 181 ff.; Beitzke, Die deutsche internationale Zuständigkeit, FamRZ 1967, 592 ff.; Neuhaus, Zur internationalen Zuständigkeit in der freiwilligen Gerichtsbarkeit, NJW 1967, 1167 ff.; Walchshöfer, Die deutsche internationale Zuständigkeit in der streitigen Gerichtsbarkeit, ZZP 80 (1967), 165 ff.; Breuleux, Internationale Zuständigkeit und anwendbares Recht (1969); Heldrich, Internationale Zuständigkeit und anwendbares Recht (1969); Schwimann, Internationale Zuständigkeit in Abhängigkeit von der Lex Causae?, RabelsZ 34 (1970), 201 ff.; Makarov, Internationale Zuständigkeit ausländischer Gerichte, RabelsZ 34 (1970), 703 ff.; Schröder, Internationale Zuständigkeit (1971).
[3] BGHZ 44, 46 = IPRspr. 1964 - 65 Nr. 224 = NJW 1965, 1665 = JZ 1966, 237 (Anm. Neuhaus); dazu Maier, H. J., NJW 1965, 1650; Cohn, NJW 1966, 287.

der internationalen Zuständigkeit anerkannt, wenn auch zunächst nur beschränkt auf das sog. „formelle Zuständigkeitsrecht"[4].

In diesem Beschluß ist der BGH auch auf die besonderen Interessen eingegangen, die bei der internationalen Zuständigkeit eine Rolle spielen. *Heldrich*[5] und *Schröder*[5a] haben sie im einzelnen eingehend analysiert und dabei eine Vielzahl von gewichtigen Interessen aufgezeigt.

Die vorliegende Arbeit soll die Frage aufwerfen, wie diese Vielzahl von Interessen im Recht der internationalen Zuständigkeit angemessen berücksichtigt werden kann.

---

[4] Der Begriff stammt von Pagenstecher, RabelsZ 11 (1937), 370: „materielles" Zuständigkeitsrecht regelt, welche Gerichte zuständig sein sollen, „formell" sind alle übrigen Vorschriften, die sich mit der Zuständigkeit befassen.
[5] a.a.O. § 7 (S. 102 ff.); vgl. Neuhaus, RabelsZ 20 (1955), 229 ff.; Walchshöfer, ZZP 80 (1967), 186 ff.; auch BGHZ 44, 46.
[5a] Internationale Zuständigkeit (1971).

Erster Teil

Das Problem

§ 1: Ausgangsfälle

I. Drei Fälle

1. Ein US-Staatsangehöriger aus New York (A) — während der NS-Zeit aus Deutschland emigriert — möchte in der Bundesrepublik Entschädigungsansprüche geltend machen. Da er selber im Umgang mit Behörden — zumal ausländischen — unerfahren ist, beauftragt er einen Freund (B), der im selben Hause wohnt und ebenfalls US-Staatsangehöriger ist, jedoch gute Beziehungen zu Deutschland hat, mit der Wahrnehmung seiner Interessen. Vereinbart wird das in den USA häufige Erfolgshonorar von 20 %. Sowohl die Interessenwahrnehmung bei den deutschen und amerikanischen Behörden als auch die Honorarzahlungen sollen in New York erfolgen. Wenig später gibt es Spannungen zwischen den Parteien, und A entzieht dem B den Auftrag. Daraufhin klagt B beim LG München im Gerichtsstand des Vermögens (§ 23 ZPO, Vermögen ist der Entschädigungsanspruch) auf Zahlung einer angemessenen Vergütung.

Das LG München[6] sieht in der Zuständigkeit offensichtlich kein Problem. In der Sache wendet es amerikanisches Recht an, weil das Rechtsverhältnis fast ausschließlich Beziehungen zu New York aufweise. Nach diesem Recht stehe dem Kläger angemessene Vergütung (quantum meruit) zu. Bei der Beurteilung der Angemessenheit i. S. des New Yorker Rechts (das Gericht nennt ausdrücklich den Begriff „reasonableness") wendet das Gericht die Maßstäbe des deutschen Rechts an (ausgehend von der RAGebO).

2. Zwischen zwei Teilnehmern einer Reisegesellschaft aus New York kommt es in einem Lokal in Altenahr zu einer Schlägerei. Einzige

---

[6] Urt. vom 11. 2. 1965, IPRspr. 1964 - 65 Nr. 43; ähnlich gelagert war der Sachverhalt in KG IPRspr. 1958 - 59 Nr. 40 (alle Beteiligten wohnten in Israel); vgl. auch BGHZ IPRspr. 1960 - 61 Nr. 23 (Parteien und Sachverhalt in den USA); BGHZ IPRspr. 1964 - 65 Nr. 257 (alle Beteiligten und Sachverhalt in der Türkei); BGHZ IPRspr. 1966 - 67 Nr. 5 = NJW 1966, 730 (Parteien Belgier und Franzose, Sachverhalt in Frankreich).

Zeugen sind fünf weitere Mitglieder der Reisegesellschaft und der Wirt des Lokals. Während der Wirt nur sieht, wie der spätere Kläger durch einen Bierkrug am Kopf getroffen wird, haben die anderen Zeugen beobachtet, wie der Verletzte seinen Gegner vor dem Streit heftig gereizt und auch bedroht hat. Nach Rückkehr in die USA muß sich der Verletzte wegen der Folgen der Schlägerei in ärztliche Behandlung begeben. Als er später vorübergehend geschäftlich in Deutschland ist, klagt er durch einen befreundeten Anwalt vor dem AG Ahrweiler im Gerichtsstand des Handlungsortes (§ 32 ZPO) auf Schadensersatz. — Der Beklagte hat Vermögen in New York und in Deutschland.

In der Sache wäre nach der neuerdings h. L. New Yorker Recht als das gemeinsame Heimatrecht der Beteiligten anzuwenden (ohne Annahme einer Rückverweisung)[7].

3. Zwei Österreicher heiraten in Wien, wo sie auch ihren gemeinsamen Wohnsitz errichten. Eines Tages verzieht der Ehemann mit Einverständnis der Frau nach Hamburg. Er bleibt jedoch in Wien polizeilich gemeldet und kehrt auch regelmäßig dorthin zurück. Nach einem halben Jahr klagt er vor dem LG Hamburg auf Ehescheidung wegen Ehebruches, den seine Frau vor der Trennung in Österreich begangen haben soll.

Das Landgericht entscheidet zur Sache, da das Urteil in Österreich anerkannt wird (§ 606 b ZPO)[8].

II. Analyse: Die verfehlte Zuständigkeit

Vorbemerkung:

Von den drei Ausgangsfällen beruhen zwei auf Gerichtsentscheidungen. In diesen wurde zur Zuständigkeit lediglich festgestellt, daß sie gegeben sei.

Im fiktiven zweiten Fall hätte das AG nach gegenwärtigem Meinungsstand ebenso keine Zweifel gehabt, denn die Voraussetzungen des § 32 ZPO waren eindeutig erfüllt. Wenn aber die Zuständigkeitsvoraussetzungen vorliegen, soll das Gericht verpflichtet sein, zur Sache zu entscheiden[9], es sei denn, daß die Zuständigkeit arglistig vom Kläger herbeigeführt wurde[10] — was für keinen der angeführten Fälle zutrifft — oder daß eine andere Prozeßvoraussetzung fehlt. Im Rahmen der

---

[7] Soergel - Siebert (Kegel), Art. 12 EGBGB Rdn. 30; Kropholler, Ein Anknüpfungssystem für das Deliktsstatut, RabelsZ 33 (1969), 601/616 ff., 643 ff.
[8] Vgl. OLG Karlsruhe IPRspr. 1960 - 61 Nr. 104.
[9] OLG Düsseldorf NJW 69, 380; vgl. Neuner, S. 21.
[10] Baumbach - Lauterbach, Übers. § 12 Anm. 4; Stein - Jonas - Pohle, vor § 12 Anm. IV 1; Zeiss, Die arglistige Prozeßpartei (1967), S. 52 ff.; a. A. Wieczorek § 12 Anm. A I d; Novak, Treu und Glauben im Zivilprozeß, Oesterr. JZ 1949, 338 ff.

anderen Prozeßvoraussetzungen wird die Zuständigkeitsgerechtigkeit nicht noch einmal geprüft: Die Entscheidung des Gesetzes ist abschließend und endgültig[11].

1. § 23 ZPO

Der Gerichtsstand des Vermögens, in dem hier geklagt wird, ist in seiner Berechtigung umstritten[12]. Auf diesen Streit soll nicht eingegangen werden. Es sei unterstellt, daß § 23 ZPO zu Recht besteht, um die Rechtsverfolgung in Deutschland zu ermöglichen — auch für Ausländer. Auch auf die Forderung, § 23 wenigstens dahingehend restriktiv auszulegen, daß das die Zuständigkeit begründende Vermögen zumindest nicht völlig wertlos sein dürfe und der Vollstreckung zugänglich sein müsse[13], braucht hier nicht eingegangen zu werden; beide Forderungen sind im Ausgangsfall Nr. 1 erfüllt.

Die Zuständigkeitsnorm besteht also zu Recht, ihre Voraussetzungen sind gegeben. — Die Folge davon im vorgetragenen Fall: Ein deutsches Gericht entscheidet im Rechtsstreit zweier New Yorker über einen in New York abgeschlossenen und erfüllbaren Vertrag nach New Yorker Recht. Ein Rechtsstreit, der in allen Elementen auf eine einzige Stadt konzentriert ist, wird von einem Gericht mehrere tausend Kilometer entfernt entschieden, obwohl einer Entscheidung in New York anscheinend nichts entgegensteht. Verklagt ist dabei ein New Yorker Bürger, der den Kläger gerade deshalb beauftragt hatte, weil er selbst in Auslandsgeschäften unerfahren war. Das Ergebnis: Das deutsche Gericht wendet zwar unter Zuhilfenahme eines Universitätsgutachtens amerikanisches Recht an, um aber bei der entscheidenden Frage nach der „reasonableness" der Entschädigung doch auf sein eigenes Recht zurückzugreifen. Was auch sonst hätte es praktisch tun sollen? Ein deutscher Richter kann nicht amerikanisches Ermessen (discretion) ausüben[14]. Ein

---

[11] Zum Verhältnis zwischen Rechtsschutzbedürfnis und Zuständigkeitsgerechtigkeit s. u. § 15.
[12] Schröder, S. 376 ff.; v. Mehren - Trautman, Jurisdiction to Adjudicate, 79 Harv. L. Rev. 1121/1141 (1966) sprechen von „the absurd excesses of section 23...''; vgl. Nadelmann, Jurisdictionally Improper Fora, in Festschrift Yntema (1961), S. 321/328 ff.
[13] So schon Nussbaum, Deutsches Internationales Privatrecht (1932), S. 400; a. A. noch immer die h. L.: Stein - Jonas - Pohle § 23 Anm. II 1.
[14] Aber vielleicht hätte er sehen können, daß das Zurückgreifen auf die Maßstäbe der RAGebO deshalb falsch war, weil das, was bei vorzeitiger Vertragslösung angemessen ist, abhängig sein muß von dem, was als Endlohn vereinbart war: 20 % Erfolgshonorar. Zum Problem der „moral data" im IPR: Ehrenzweig, Private International Law (1967), S. 77 ff.; vgl. Neuhaus, RabelsZ 20 (1955), 246; ders., Die Zukunft des internationalen Privatrechts, AcP 160 (1961), 493/501: Die selbständig wertende richterliche Entscheidung als „Krise der gleichberechtigten Anwendung ausländischen Rechts".

— fast notwendig — falsches[15] Ergebnis also, weil ein rechts- und sachfernes Gericht entschied, obwohl es sich um einen innerstaatlichen Rechtsstreit von New York handelte, für den die dortigen Gerichte zur Verfügung standen. Und als Fazit die Frage des rechtsuchenden Juristen: Muß das sein? Ist das die notwendige Konsequenz von § 23 ZPO?

2. § 32 ZPO

Während es sich bei § 23 ZPO um einen Gerichtsstand handelt, der nicht an eine Verbindung zum strittigen Sachverhalt anknüpft, soll § 32 einen sachverhaltsnahen Gerichtsstand begründen. Aus dieser Sachverhaltsnähe folgt im Regelfall auf Grund der Anwendbarkeit der lex loci delicti commissi auch die Rechtsnähe.

Im Ausgangsfall Nr. 2 aber sind beide Ziele des § 32 ZPO nicht erfüllt: Der Handlungsort bringt nicht Sachverhaltsnähe, da die Aufklärung des Sachverhalts nicht lokal- sondern personalgebunden ist. Das kann sich hier entscheidend auswirken, weil die möglicherweise nicht erreichbaren Zeugen für den Entlastungsbeweis des Beklagten notwendig sind, während der einzige ortsansässige Zeuge lediglich die klagebegründenden Tatsachen bestätigen kann.

Der Handlungsort begründet im Sachverhalt aber nach der neueren Lehre auch keine Rechtsnähe, weil die „soziologische Einbettung" des Delikts zum New Yorker Recht führt. Unter dem Gesichtspunkt der Erreichbarkeit des Gerichts ist festzustellen, daß New York für beide Parteien erreichbar ist, während ein Verfahren in Deutschland für den Beklagten einseitig große Schwierigkeiten mit sich bringen muß.

Was schließlich die Vollstreckung eines Urteils betrifft, bringt ein deutsches Urteil dem Kläger zumindest keine Vorteile, da auch in New York Vermögen vorhanden ist.

Auch in diesem Fall also eindeutige Erfüllung einer an sich sinnvollen Zuständigkeitsnorm und als Folge: Entscheidung durch ein sachverhalts- und rechtsfernes Gericht, das dem Beklagten schwer erreichbar ist; Gefahr eines falschen Urteils durch einseitige Bevorteilung des Klägers bei der Beweisführung. — Und das alles, obwohl ein beiden Parteien leicht erreichbares, sachverhalts- und rechtsnahes[16] Gericht zur Verfügung steht, dessen Urteil für den Kläger ohne Schwierigkeiten vollstreckbar wäre.

---

[15] Wenn man von dem Postulat ausgeht, daß der einheimische Richter das ausländische Recht so anwenden soll, wie es der iudex legis tun würde.
[16] Selbst wenn New York deutsches Recht als das des Tatorts anwenden sollte, wäre es zumindest kein rechtsferneres Gericht; vgl. aber Babcock v. Jackson, 240 N.Y. S. 2d 743, 191 N.E. 2d 279 (C.A. 1963); Reich v. Purcell, 432 P. 2d 727 (Cal. 1967) und Comments in 15 UCLA L. Rev. 551 ff. (1968).

3. §§ 606 ff. ZPO

§ 606 Abs. 2 Satz 1 ZPO bestimmt, daß in Ehesachen das Gericht am gewöhnlichen Aufenthaltsort des Klägers zuständig ist, falls weder die Eheleute ihren letzten gemeinsamen gewöhnlichen Aufenthalt im Inland hatten, noch der Beklagte z. Z. seinen gewöhnlichen Aufenthalt im Inland hat. Auch bei zwei Ausländern wird dadurch die internationale Zuständigkeit des Gerichts am Klägeraufenthaltsort begründet, wenn das Urteil im Heimatstaat des Mannes anerkannt wird (§ 606 b Ziff. 1 ZPO). *Kegel*[17] hält diese Regel trotz möglicher Rechtsverweigerung für den Beklagten für notwendig, um dem Kläger den Rechtsschutz zu sichern. — Ist aber nicht im vorliegenden Fall dem Kläger, der noch Kontakt zu seiner Heimat hat, der sich dort „auskennt", eine Klage in Österreich noch ohne Schwierigkeiten möglich? Während eine Klage in Hamburg für die Frau einer Rechtsverweigerung nahekommt? Österreich wäre das rechtsnahe „Gerichtsland"; die Forderung nach Sachverhaltsnähe weist ebenfalls nach Österreich.

Das deutsche Recht selbst geht davon aus, daß ein Urteil des gemeinsamen Heimatstaates erstrebenswert ist; deshalb ist für ein solches Urteil die Anerkennung erleichtert (Art. 7 § 1 Abs. 1 Satz 3 FamRÄndG).

Auch hier daher die Frage: Kann die im allgemeinen berechtigte Zuständigkeitsregelung auch dann ihre Gültigkeit behalten, wenn im Ausland ein erreichbares Gericht vorhanden ist, bei dem der Rechtsstreit praktisch zum nationalen Verfahren würde?

III. Schlußfolgerung:
Zuständigkeitsablehnung im Einzelfall?

Zuständigkeiten, die im internationalen Rechtsverkehr in der Regel berechtigt sind, können im Einzelfall zu Gerichtsständen führen, die einem zweckmäßigen und gerechten Verfahren abträglich sind. Dies ist dann besonders problematisch, wenn ein Gerichtsstand ohne Schwierigkeiten erreichbar ist, in dem der Rechtsstreit in allen wesentlichen Punkten ein innerstaatlicher Streit wäre.

Rechtswissenschaft und Praxis in Deutschland haben solche Fälle bisher als notwendiges Übel hingenommen. Denn als Grundsatz im Zuständigkeitsrecht gilt: Zuständigkeitsregeln müssen der Rechtssicherheit willen starr sein. Billigkeit im Einzelfall darf keinen Raum haben; eine gegebene Zuständigkeit muß ausgeübt werden[18].

---

[17] Zur Reform des deutschen internationalen Ehescheidungsrechts, in Vorschläge und Gutachten zur Reform des deutschen internationalen Eherechts (1962), S. 101/126 f.
[18] Baur, Richtermacht und Formalismus im Verfahrensrecht, in Summum ius, summa iniuria (1963), S. 97/105 ff.: sachliche und örtliche Zuständigkeit müsse

Die obigen Fälle sind jedoch Anlaß genug, diese Sätze in Frage zu stellen und ihnen zugleich die These entgegenzusetzen: Im internationalen Verfahren müssen die Gerichte eines Staates in der Lage sein, die Entscheidung eines Rechtsstreits abzulehnen, obwohl die Zuständigkeitsvoraussetzungen erfüllt sind, wenn die Gesichtspunkte der Sachverhalts- und Rechtsnähe sowie der Erreichbarkeit des Gerichts eindeutig auf die Gerichte eines anderen Landes hinweisen.

Neuhaus[19] hat unter dem irreführenden Begriff „internationale Verweisung" vorgeschlagen, daß ein normalerweise zuständiges Gericht den Prozeß abweisen solle, „wenn das anzuwendende Recht von diesem Gericht nicht angewandt werden kann, weil der Inhalt dieses Rechts nicht feststeht oder unklar ist oder weil die Anwendung dem ordre public des Gerichtsstaates widerstreiten würde". Zweite Voraussetzung für die Abweisung müsse sein, daß im Geltungsgebiet des fremden Rechts ein Gericht zur Verfügung stehe und dessen Urteil im Inland anerkannt werde. Diese Anregung zu mehr Flexibilität in der internationalen Zuständigkeit ist zu begrüßen; sie ist aber zu begrenzt, denn nicht nur und nicht immer dann, wenn die Anwendung des ausländischen Sachrechts an die genannten Grenzen stößt, kann eine Prozeßabweisung sinnvoll sein. Soll ein Franzose, der bei einem Jagdunfall in Kenia von einem deutschen Touristen verletzt wurde und diesen in dessen allgemeinen Gerichtsstand verklagt, an die Gerichte von Kenia verwiesen werden, wenn das einschlägige Haftungsrecht dieses Landes „nicht feststeht oder unklar ist"? Wird umgekehrt der Rechtsstreit in Ahrweiler um die Schlägerei zwischen New Yorker Touristen (Ausgangsfall Nr. 2) dadurch sinnvoller, daß das New Yorker Sachrecht zu dieser Frage feststellbar ist? Andere Faktoren als das anwendbare Recht spielen offenbar auch eine Rolle. Nur wenn der Richter unter Berücksichtigung aller Umstände des Einzelfalls über seine Möglichkeiten zur Sachentscheidung urteilen kann, besteht Aussicht, das angesprochene Problem sachgerecht zu lösen.

Diese These soll im folgenden durch einige theoretische Bemerkungen untermauert werden. Es wird sich zeigen, daß starre Regeln allein kein geeignetes Mittel zur Lösung des Problems „internationale Zuständigkeit" sein können.

Wengler[20] hat als Ausweg die Übernahme der anglo-amerikanischen forum non conveniens-Doktrin empfohlen. Ein Blick auf die Grundzüge dieser Lehre soll die praktische Möglichkeit einer Auflockerung durch

---

„jeder freien Bestimmung durch den Richter entzogen sein"; vgl. v. Mettenheim, Der Grundsatz der Prozeßökonomie im Zivilprozeß (1970), S. 28 f.; OLG Düsseldorf GRUR 1964, 45.
[19] RabelsZ 20 (1955), 201/260; s. u. 2. Teil, Anm. 350.
[20] AcP 165 (1965), 367/368; vgl. auch schon NJW 1959, 127/130.

Einführung einer Generalklausel mit Ermessensspielraum aufzeigen. Abschließend ist dann die Frage zu beantworten, wie eine derartige Auflockerung in unserem Rechtssystem durchführbar ist.

§ 2: Besonderheiten der internationalen Zuständigkeit

I. Internationale Zuständigkeit — Gerichtsbarkeit — örtliche Zuständigkeit

Der Begriff „internationale Zuständigkeit" ist heute ein im wesentlichen gesicherter Bestandteil des deutschen internationalen Zivilprozeßrechts[21]. Die Normen über die internationale Zuständigkeit regeln „... die Verteilung von Rechtssachen ... unter Gerichte verschiedener Staaten ..."[22]. Diese Verteilung kann jeder Staat durch sein eigenes Recht regeln, d. h. jeder Staat bestimmt selbst, welche Zuständigkeiten seine Gerichte selbst wahrnehmen sollen (sog. „Befolgungsregeln") und welche er bei anderen Staaten anerkennen will (sog. „Beurteilungsregeln")[23]. Gegenstand dieser Arbeit sind ausschließlich die Befolgungsregeln.

Die „internationale Zuständigkeit" ist abzugrenzen gegen die „Gerichtsbarkeit" und die „örtliche (innerstaatliche) Zuständigkeit":

a) Gerichtsbarkeit ist die aus der Gebiets- und Personalhoheit des Staates folgende völkerrechtlich begrenzte „Befugnis, hoheitlichen Gerichtszwang auszuüben"[24]. Völkerrechtlich begrenzt ist die Gerichtsbarkeit z. B. durch die Immunität bestimmter Personen (Staatsoberhäupter, Diplomaten). „Gerichtsbarkeit" ist also keine Frage der Verteilung von Rechtssachen i. S. einer Aufgabenverteilung, sondern eine Frage der Hoheitsgewalt; nicht eine Frage des staatlichen „Wollens" oder „Sollens", sondern ein Problem des völkerrechtlichen „Könnens" oder „Dürfens"[25].

b) Die innerstaatliche (sachliche, örtliche und funktionelle) Zuständigkeit regelt die Frage, welches einzelne Gericht innerhalb eines Staates zur Entscheidung eines Rechtsstreites berufen ist. Örtlicher und internationaler Zuständigkeit gemeinsam ist die Verteilung der Rechtssachen im

---

[21] Zu Entwicklung und derzeitigem Meinungsstand Heldrich, § 6, S. 65 ff.
[22] Matthies, S. 7; Kegel, IPR, S. 419; Schröder, S. 99.
[23] Die Frage, ob dieses Regelungsrecht durch das Völkerrecht eingeschränkt wird (so z. B. Neuner, S. 14; dagegen Kralik, ZZP 74 [1961], 12), spielt allenfalls in den äußersten Randzonen der internationalen Zuständigkeit eine Rolle. Vgl. einerseits Nagel, Die Begrenzung des internationalen Zivilprozeßrechts durch das Völkerrecht, ZZP 75 (1962), 408/421; Neuhaus, Die Grundbegriffe des IPR (1962), S. 32 (Einschränkungen der Zuständigkeit); andererseits Heldrich, S. 144 ff.; Echterhölter, JZ 1956, 142 (Ausdehnung bei Gefahr der Rechtsverweigerung).
[24] Heldrich, S. 78 f.
[25] Heldrich, S. 80; grundlegend Pagenstecher, RabelsZ 11 (1937), 337 ff.; vgl. Eckstein, S. 17; Matthies, S. 27 ff.; Neuhaus, RabelsZ 20 (1955), 208; Walchshöfer, ZZP 80 (1967), 168 ff.; aber auch Rosenberg - Schwab § 19, insbes. sub V: internationale Zuständigkeit = Gerichtsbarkeit in räumlicher Beziehung.

geographischen Raum: Die internationale Zuständigkeit regelt die Verteilung von Rechtssachen auf die Gerichte der einzelnen Staaten in ihrer Gesamtheit, die örtliche Zuständigkeit entscheidet über die räumliche Verteilung unter den Gerichten eines einzelnen Staates.

II. Besonderheiten der internationalen Zuständigkeit gegenüber der örtlichen Zuständigkeit

Trotz dieser Parallelität zur örtlichen Zuständigkeit weist die internationale Zuständigkeit eine Reihe besonderer Probleme auf.

1. Die Bedeutung der internationalen Zuständigkeit für den Prozeß

Während die örtliche Zuständigkeit relativ geringen Einfluß auf den Ausgang des Rechtsstreits hat, werden mit der Wahl des „Gerichtslandes" im internationalen Prozeß bereits entscheidende Weichen für den Ausgang des Verfahrens gestellt[26]. Und zwar:

a) aus *rechtlichen* Gründen: Mit der Wahl des „Gerichtslandes" fallen die Entscheidungen über das anzuwendende Prozeßrecht und das IPR; es fallen unter dem Gesichtspunkt des „Heimwärtsstrebens" der Gerichte, der Rückverweisung und des ordre public weitere Vorentscheidungen über das materielle Recht; es fallen schließlich bereits Entscheidungen über den Wert eines etwaigen Urteils in anderen Ländern (Fragen der Anerkennung).

b) aus *tatsächlichen* Gründen: Die Wahl des Gerichtslandes ist entscheidend für die faktischen Beziehungen der Parteien zum Rechtsstreit, d. h. für ihre Möglichkeiten, direkt am Rechtsstreit teil- und auf ihn Einfluß zu nehmen: Entfernungen, Sprachunterschiede, Unterschiede des „sozialen" und „juristischen Klimas", höhere Kosten können es unmöglich machen, die Möglichkeiten am Gerichtsort, das Prozeßrisiko abzuschätzen, einen Rechtsstreit wirklich zu „führen". — Mit anderen Worten: Ein Rechtsstreit in einem fremden Land kann Rechtsverweigerung bedeuten.

Die Wahl des Gerichtslandes ist ferner von Bedeutung für die Beziehungen des Gerichts zum Rechtsstreit. Nicht nur die bekannten Probleme der Anwendung fremden Rechts[27] und der schwierigen Sachaufklärung, auch psychologische Fragen sind hier zu beachten: Die Fähigkeit des Richters, sich in fremdartige soziale Sachverhalte einzudenken, Kontakt zu räumlich entfernten Fakten zu gewinnen, ist wahrscheinlich noch

---
[26] Übersicht bei Matthies, S. 14; Müller, S. 183.
[27] Dazu Neuhaus, RabelsZ 20 (1955), 244 ff.; ders., Grundbegriffe, VI. Kapitel, S. 221 ff.

notwendiger begrenzt als die Fähigkeit, die fremden Rechtssätze zu finden[28]. Nicht auszuschließen sind auch gefühlsmäßige Barrieren, die sich zwischen Richter und Ausländer schieben können. — Internationale Rechtsstreite geraten deshalb allzu leicht zwischen die Skylla der vor dem Rechtsstreit resignierenden oder gar gleichgültigen Verlegenheitslösung und die Charybdis der abstrakt-juristischen Fleißarbeit.

2. Die Vielzahl der zu berücksichtigenden Interessen

Die zentrale Bedeutung der internationalen Zuständigkeit macht es besonders notwendig, die bei einer Regelung zu berücksichtigenden Interessen zu ermitteln. Ziel dieser Arbeit ist es nicht, eine Analyse der „Interessen bei der internationalen Zuständigkeit"[29] zu liefern. Es kommt hier nur darauf an, daß ein Kennzeichen der internationalen Zuständigkeit die Vielzahl der auf verschiedene Orte hinweisenden Interessen ist.

Heldrich[30] hat diese Interessen unter folgenden Stichworten zusammengefaßt: 1. Gerichtsschutz, 2. Gleichlauf, 3. Sachverhaltsnähe, 4. Schutz von Verfahrensbeteiligten, 5. Wirksamkeit von Entscheidungen, 6. Konfliktsminimum, 7. Einfluß ausländischen Rechts, 8. Einfluß nationaler und internationaler Verfassungen.

Heldrichs Aufzählung ergibt ein für die Regelung der internationalen Zuständigkeit noch viel zu grobkörniges Bild. Die genannten Interessen lassen sich noch nicht eindeutig lokalisieren, dazu bedürfen sie einer weiteren Aufschlüsselung: Das Interesse an Sachverhaltsnähe etwa kann ein Interesse an Verhandlung am Handlungsort, am Wirkungsort, am Wohnort von Zeugen oder am Ort anderer Beweismittel sein; das Interesse an Rechtsschutz kann auf das räumlich nächste, aber auch auf das heimatliche, vertraute Gericht hinweisen. Erst eine solche Aufschlüsselung zeigt das Problem der Interessenvielfalt in seiner ganzen Tragweite. Sie führt zu der großen Zahl möglicher Anknüpfungen für die internationale Zuständigkeit, deren Darstellung *Siemssen*[31] unternommen hat und die auch Heldrich andeutet[32].

Viele der angesprochenen Interessen werden bei der örtlichen Zuständigkeit gar nicht problematisch, da sie im innerstaatlichen Bereich ohne weiteres befriedigt werden: etwa das Interesse an eigener Sprache, an eigenem Rechtssystem; andere spielen zwar auch bei der örtlichen Zu-

---

[28] Vgl. Weimar, Psychologische Strukturen richterlicher Entscheidung (1969), S. 34.
[29] Insoweit sei auf die Arbeiten von Schröder und Heldrich verwiesen.
[30] a.a.O. § 7 III, S. 105 ff.
[31] Eine Analyse der Anknüpfungen für die internationale Zuständigkeit im internationalen Zivilprozeß (Diss. 1966).
[32] a.a.O. S. 166; die bisher umfassendste Analyse der Zuständigkeitsinteressen hat Schröder, Internationale Zuständigkeit (1971) durchgeführt.

ständigkeit eine Rolle, sind aber nur von untergeordnetem Gewicht (z. B. das Interesse an einem nahegelegenen Gerichtsort)[33].

Die besonderen Interessen erhalten ihre Relevanz durch die besondere Bedeutung der internationalen Zuständigkeit. Kann der Gesetzgeber für die örtliche Zuständigkeit mit den Interessen der Beteiligten noch relativ großzügig umgehen, weil die Rechtsfolgen gering sind, bei der internationalen Zuständigkeit ist gründliches Abwägen notwendig.

3. Die Unquantifizierbarkeit der Interessen

Dieses Abwägen ist desto schwieriger, weil die Interessen nicht quantifizierbar sind. Nicht quantifizierbar ist etwa das Interesse an einer Streitentscheidung am Ort der unerlaubten Handlung. Es richtet sich ganz danach, welcher Beweiswert dem Ort zukommt; dieser kann bei einem Verkehrsunfall erheblich sein, bei einer Schlägerei, deren Zeugen nicht am Tatort wohnen, ist er belanglos.

Das Interesse am „rechtsnahen" Gericht kann entscheidend sein bei Rechtsproblemen, die einem anderen Gericht völlig fremd wären, es ist vernachlässigenswert bei Rechtsfragen, die dem anderen Gericht ebenfalls vertraut sind; das Interesse ist auch unterschiedlich einzuschätzen, je nachdem, ob Ermessensentscheidungen erforderlich sind oder ob es sich lediglich um Anwendung in sich klarer Rechtsregeln handelt.

Die Bedeutung des Interesses an einem parteinahen Gericht ist abhängig von den Parteien selbst. Für eine große Firma ist es ein leichtes, in Südamerika einen Prozeß zu führen, für einen wenig bemittelten, rechtlich unerfahrenen Bürger kann schon ein Prozeß in England undurchführbar sein[34]. Das Armenrecht, das im innerstaatlichen Bereich wenigstens die finanziellen Ungleichheiten im Prozeß ausgleichen soll, ist im internationalen Verfahren kein Hilfsmittel, mit dem man sich beruhigen könnte. Dazu ist es in den nationalen Rechten zu unterschiedlich geregelt, seine Anwendung für Ausländer zu unsicher[35]. Soziale Ungleichheiten der Parteien dürfen deshalb im internationalen Zuständigkeitsrecht nicht außer acht gelassen werden.

Unquantifizierbar sind allerdings auch die Interessen, die bei der örtlichen Zuständigkeit zu beachten sind. Im internationalen Bereich aber sind die Größenordnungen ganz andere, wie am Beispiel der Entfernungen leicht einsichtig ist. Deshalb und wegen der untergeordneten Bedeutung der örtlichen Zuständigkeit für das Verfahren kann im inner-

---
[33] Vgl. Foster, Place of Trial — Interstate Application of Intrastate Methods of Adjustment, 44 Harv. L. Rev. 41 ff. (1930 - 31).
[34] Heldrich, S. 241 spricht von der unterschiedlichen „Intensität" des Interesses an inländischem Gerichtsschutz.
[35] z. B. § 114 Abs. 2 ZPO.

staatlichen Bereich um der Rechtssicherheit willen vereinfacht und verallgemeinert werden. Wo aber Interessen gleichsam zwischen null und unendlich schwanken können und sie außerdem für eine angemessene Entscheidung erheblich sind, kann ihre Unbestimmbarkeit nicht außer acht gelassen werden. Aus diesem Grund wird die Unquantifizierbarkeit der Interessen zu einem besonderen Problem der internationalen Zuständigkeit.

§ 3: Die Unzulänglichkeit starrer Regeln

Die besondere Interessenlage hat dazu beigetragen, daß die internationale Zuständigkeit als selbständige Prozeßvoraussetzung anerkannt wurde. Man hat auch versucht ihr gerecht zu werden, indem man sie aus der starren Abhängigkeit von der innerstaatlichen Zuständigkeitsverteilung löste[36].

Das bisherige Bemühen beschränkte sich jedoch darauf, einzelne Zuständigkeitsvoraussetzungen in Frage zu stellen und neue vorzuschlagen. Dabei stand das Verhältnis der internationalen Zuständigkeit zum anwendbaren Recht[37] und zur Urteilsanerkennung[38] im Mittelpunkt der Diskussion. Nur vereinzelt wurde auch die Frage aufgeworfen, ob angesichts der Vielzahl und Unquantifizierbarkeit der beteiligten Interessen feste Regeln allein zur Lösung des Problems der internationalen Zuständigkeit ausreichen können. Die Antworten waren eindeutig: Um die Rechtssicherheit nicht zu gefährden, sei eine Auflockerung der starren Zuständigkeiten nicht möglich[39].

Rechtssicherheit ist aber immer nur die eine Seite des Rechts[40] — auch des Prozeßrechts[41]. Darüber, daß sie im Zuständigkeitsrecht eine besondere Rolle spielt, darf diese Relativität nicht vergessen werden. Sie bringt es mit sich, daß die Rechtssicherheit dort notfalls zurückweichen muß, wo eine absolut starre Regelung dem zu regelnden Sachverhalt nicht mehr gerecht werden kann.

---

[36] Vgl. statt aller Walchshöfer, ZZP 80 (1967), 165 ff.; die ZPO-Kommentare sprechen von regelmäßiger Übereinstimmung o. ä.: Baumbach - Lauterbach § 12 Anm. 1 C; Stein - Jonas - Pohle, vor § 12 Anm. V 1; Thomas - Putzo § 1 Vorbem. II 4.
[37] Insbes. Neuhaus, RabelsZ 20 (1955), 201 ff.; Heldrich a.a.O.; Breuleux a.a.O.; Schwimann, RabelsZ 34 (1970), 201 ff.
[38] Walchshöfer, ZZP 80 (1967), 165 ff.
[39] Heldrich, S. 241; für Auflockerung aber Schröder, S. 488 f.
[40] Zum Spannungsverhältnis Gerechtigkeit — Rechtssicherheit im IPR siehe Neuhaus, Grundbegriffe, § 12, S. 60 ff.; ders., Legal Certainty versus Equity in the Conflict of Laws, 28 Law & Contemp. Probl. 795 (1963).
[41] „Gebote der Gerechtigkeit und Billigkeit haben im Rahmen der Rechtswelt grundsätzlich Anspruch auf Ubiquität": Dölle, Pflicht zur redlichen Prozeßführung, in Festschrift Riese (1964), S. 279/288; vgl. Zeiss, S. 32 ff.; die Prozeßrechtsliteratur ist in dieser Frage allerdings geteilter Meinung, s. Dölle a.a.O. Fn. 27; sowie Jauernig: Auswirkungen von Treu und Glauben im Prozeß und in der Zwangsvollstreckung, ZZP 66 (1953), 398 ff., insbes. 414.

Zwischen einer Vielzahl widersprechender Interessen gerechte Lösungen zu suchen, ist Aufgabe des Juristen. Dabei feste Regeln zu finden, ist eines seiner Ziele. Die Möglichkeiten aber sind begrenzt.

I. Interesseneliminierung und Anbieten von Alternativen im Zuständigkeitsrecht

1. Man kann das vorrangige schutzwerte Interesse feststellen und entscheidet sich dann für dieses. So hat der Gesetzgeber bei der Festlegung des allgemeinen Gerichtsstandes zwischen den Interessen der Parteien, jeweils am eigenen Wohnort prozessieren zu können, zugunsten des Beklagten entschieden (§ 12 i. V. mit § 13 ZPO). Das Interesse des Klägers, an seinem Wohnort klagen zu können, wird auf diese Weise als rechtlich unerheblich eliminiert.

2. Wenn danach mehr als ein Interesse als schutzbedürftig erkannt wird, gibt es zwei Wege:

a) Man findet einen Kompromiß, eine Mittellösung zwischen den Interessen, die den verbleibenden Interessen jeweils zum Teil gerecht wird.

b) Man stellt für jedes als berechtigt anerkannte Interesse eine eigene Lösung zur Verfügung; die Norm stellt dann mehrere Alternativen zur Wahl.

Das Zuständigkeitsrecht wird beherrscht vom Zusammenspiel der Möglichkeiten unter 1. und 2. b): Eliminierung ausscheidbarer Interessen, zur Verfügung stellen alternativer Zuständigkeiten[42], soweit die verbleibenden Interessen auf verschiedene Orte hinweisen. Für jedes als hinreichend relevant erkannte Interesse wird ein Gerichtsstand zur Verfügung gestellt.

Um bestimmte Interessen zu eliminieren und die verbleibenden als Alternativlösung zu rechtfertigen, wendet man zwei Methoden an, die man bezeichnen kann als 1. Das Prinzip der Interessenisolierung und 2. Das Prinzip der Reduktion auf „ja" oder „nein".

II. Die Methoden zur Regelbildung und ihre Mängel

1. Interessenisolierung contra Interessenkumulation

Interessenisolierung bedeutet, daß die Interessen nur isoliert, vereinzelt bewertet werden[43]. Es wird gefragt: Reicht das Interesse an Ver-

---

[42] Das Anbieten von Alternativen ist ein Kennzeichen des Zuständigkeitsrechts, während sich das materielle Recht i. d. R. zu einer einzigen Entscheidung durchringen muß.
[43] Kennzeichnend für diese Methode: Siemssen, Teil III, S. 97 ff.

handlung im forum legis aus oder nicht? Genügt das Interesse an einem Prozeß am Wohnort der Hauptzeugen oder genügt das jeweilige Interesse nicht? Durch diese isolierende Bewertungsmethode wird nicht berücksichtigt:

a) Mehrere isoliert nicht hinreichende Interessen können sich kumulieren und dadurch zu einer hinreichenden „Interessensumme"[44] werden. So haben etwa Klägerwohnsitz, Heimatsprache beider Parteien und Wohnsitz aller Zeugen kumuliert für den Prozeß ein wesentlich größeres Gewicht als die dadurch angesprochenen Interessen jeweils isoliert.

b) Die Kumulierung führt nicht nur zu Veränderungen bei den an ihr beteiligten Interessen, auch die der Interessensumme gegenüberstehenden Interessen werden in ihrer Relevanz verändert. Denn zur Auswahl der hinreichend relevanten Interessen müssen die einzelnen Interessen untereinander verglichen werden. Als Folge führt die Wertsteigerung eines Interesses zur Wertminderung der konkurrierenden Interessen; ebenso führt dann auch Wertsteigerung durch Summenbildung zur Wertminderung der einzeln gebliebenen Interessen. Das kann bei Interessen, die bei der isolierenden Bewertung als „gerade noch hinreichend" erscheinen, dazu führen, daß sie gegenüber einer Interessensumme nicht mehr hinreichend relevant sind[45].

Am augenfälligsten wird die Bedeutung der Kumulation, wenn ein bestimmtes Interesse an einem Ort allein, an einem anderen dagegen zusammen mit anderen Interessen befriedigt werden kann. Als Beispiel diene das Interesse an leichter Vollstreckbarkeit eines Leistungsurteils. Sieht man dies etwa im Rahmen von § 23 ZPO als ein hinreichend relevantes Interesse zur Gerichtsstandsbegründung an, so würde vollstreckbares Vermögen in Land A dessen internationale Zuständigkeit begründen. Ist solches Vermögen auch in Land B vorhanden, so könnte der Kläger wählen. Wenn aber bei gleichen Vollstreckungsmöglichkeiten in A und B im Land B zusätzlich weitere Interessen befriedigt werden können — etwa das Interesse an rechtsnahem Gericht oder an einem für den Beklagten und die Zeugen leicht erreichbaren Gericht —, so würde der Vermögensgerichtsstand in A zumindest sehr zweifelhaft.

---

[44] Zum Problem der Kumulation im IPR: Neuhaus, Grundbegriffe, § 19.

[45] Diese Relativierung geht „an den Nerv zwischenstaatlicher Zuständigkeitsordnung" (Schröder, S. 734); Schröder meint, die Interessenmehrung in einem Staat habe nicht notwendig eine korrespondierende Interessenminderung in einem anderen Staat zur Folge. Richtiger ist es, eine solche Minderung in jedem Fall zu bejahen; nur wird sie häufig nicht erheblich, weil auch das verbleibende Interesse zur Anknüpfung genügt. Aus diesem Grunde kritisiert Schröder zu Recht „die zu weit getriebene Relativierung" von Francescakis' Vorschlag zum Haager Scheidungsabkommen (Clunet 1965, 24 ff.).

3 Wahl

2. Reduktion auf „ja" oder „nein" contra Unquantifizierbarkeit

Die Zuständigkeitsinteressen verändern ihr Gewicht aber nicht nur durch Kumulierung, auch die isolierten Interessen selbst haben je nach Einzelfall unterschiedliches Gewicht. Unter dem Zwang, feste Rechtssätze aufstellen zu müssen, werden dennoch feste Wertungen gesucht. Die Frage nach der Relevanz der Interessen, nach der Berechtigung bestimmter Anknüpfungen, wird unter der einfachen Alternative des absoluten „ja" oder „nein" gestellt[46].

So erkennt *Heldrich* zwar, daß die Interessen an Entscheidungseinklang und Gerichtsschutz „unquantifizierbar" und damit „unbewertbar" sind; da aber „klar definierte Anknüpfungsmerkmale" für die internationale Zuständigkeit notwendig seien, wird zur Abwägung der beiden Interessen die Frage formuliert, „ob die Vermeidung von Konflikten mit dem Staat der lex causae bei bestimmten gerichtlichen Verrichtungen ohne Rücksicht auf die Umstände des Einzelfalls schlechthin höher zu werten ist als das Interesse des Staates, Gerichtsschutz zu gewähren und das Interesse der Rechtssuchenden, Gerichtsschutz zu erlangen"[47]. Daß eine so extreme Frage zu verneinen ist, ist gerade nach der Vorbemerkung über die Unquantifizierbarkeit der Interessen selbstverständlich. Bei derartig unquantifizierbaren Interessen gibt es keinen Vorrang „schlechthin" und „unabhängig vom Einzelfall".

Auf diese Weise können

a) Interessen, die in manchen Fällen als hinreichend für die Begründung eines Gerichtsstandes angesehen werden, zu generellen Normen führen, die immer einen Gerichtsstand begründen.

Das ist der Fall etwa bei Gerichtsständen, die der Erleichterung der Rechtsverfolgung dienen sollen (z. B. §§ 23, 23a, 606 Abs. 2 Satz 1 ZPO). Unabhängig vom Einzelfall wurden sie generelle Norm. — Was manchmal notwendig ist, wurde immer möglich.

Der Zwang zum „entweder immer oder nie" wird deutlich an *Kegels* Stellungnahme[48] zum Gerichtsstand des Klägerwohnsitzes gemäß § 606 Abs. 2 Satz 1 ZPO. Kegel hält diesen Gerichtsstand für berechtigt. „Denn wegen der ... Schwierigkeiten, im Ausland zu klagen, wird ihm (d. i. dem Kläger) sonst häufig der Rechtsschutz verweigert." Weil also häufig der Gerichtsstand notwendig ist, wird er immer möglich. Dies, obwohl der Gerichtsstand genauso häufig zur Rechtsverweigerung für den Beklagten führen könne. Man müsse eben „leider" wählen. — Sicherlich

---

[46] Kennzeichnend auch hier Siemssen, S. 97 ff.
[47] a.a.O. S. 241.
[48] Kegel, Reform, S. 126 f.

kann man nicht die Entscheidung ganz dem Einzelfall überlassen, muß insofern generell wählen. Fraglich aber ist, ob so absolut gewählt werden muß.

Kegel erwägt allerdings selbst zwei mögliche Einschränkungen des „Klägergerichtsstandes": entweder den generellen Vorrang des letzten gemeinsamen gewöhnlichen Aufenthaltes, falls sich noch ein Ehegatte in diesem Staat gewöhnlich aufhält, oder diesen Vorrang beschränkt auf den Fall, daß ein Ehegatte zu Unrecht den gemeinsamen Aufenthalt verlassen hat.

Beide Einschränkungen werden von Kegel abgelehnt — mit Recht. Zu Recht deshalb, weil die Frage bei ihm dahingeht, ob in beiden Fällen der ehemalige gemeinsame Gerichtsstand zwingend aufrechtzuerhalten sei. Das ist tatsächlich nicht am Platze, da „eine solche zwingende Perpetuierung... dem Ausländer in vielen Fällen den Rechtsschutz nimmt". Die Einschränkung des Klägergerichtsstandes ist deshalb nicht möglich, weil sie — was als selbstverständlich vorausgesetzt ist — zwingend sein müßte. Und doch hätte eine solche Einschränkung gerade unter dem Gesichtspunkt der Rechtsschutzverweigerung vieles für sich. Denn oft wird der „Verlassende" noch Kontakt zum ehemaligen Aufenthaltsort haben[49], jedenfalls wird er meist mit den dortigen Verhältnissen ungleich häufiger vertraut sein als umgekehrt der zurückgebliebene Gatte mit den Verhältnissen am neuen Wohnort des Klägers.

Wurde im Fall des § 606 Abs. 2 ZPO eine generelle Norm aufgestellt, weil häufig ein schutzwertes Interesse besteht, so kann es ebenso vorkommen, daß

b) Interessen generell vernachlässigt werden, weil sie manchmal nicht schutzwert sind.

So kann nach Heldrich das Interesse an Sachverhaltsnähe gegenüber dem Gerichtsschutzinteresse (d. i. Interesse an Erreichbarkeit des Gerichts) vernachlässigt werden, „weil es nicht notwendig berührt ist und ihm im Verhältnis zu dem fundamentalen Gerichtsschutzinteresse nur eine untergeordnete Bedeutung zukommt"[50]. Bemerkenswert ist die erste Aussage: Ein Interesse, das nicht notwendig berührt ist, könne vernachlässigt werden. „Nicht notwendig" heißt aber, daß es möglicherweise „oft" oder auch „meistens" berührt ist; — dann aber kann man es nicht vernachlässigen.

III. Die ergänzende Generalklausel

Interessenisolierung und Reduktion auf „ja" oder „nein" sind geeignete Mittel, zu klaren Regeln zu kommen; doch hat sich gezeigt, daß dabei

---
[49] z. B. im Ausgangsfall Nr. 3.
[50] a.a.O. S. 240.

eine „Vielfalt in sich unquantifizierbarer Interessen" nicht adäquat zu erfassen ist, da die typischen Merkmale einer solchen Interessenkonstellation unberücksichtigt bleiben. — Die Ausgangsfälle haben die praktischen Folgen dieses Versäumnisses verdeutlicht.

Es muß deshalb gefragt werden, ob nicht im Recht der internationalen Zuständigkeit den Problemen „Interessenkumulation" und „Unquantifizierbarkeit" ein gewisser Raum eingeräumt werden kann.

Dabei gilt es auch hier, nicht bereits durch die Fragestellung die Antworten zu reduzieren, indem man „Billigkeitsgeneralklausel ohne feste Regel" oder „feste Normen ohne Rücksicht auf den Einzelfall" als einzige Alternativen nennt[51]. Da unbestritten ist, daß das Zuständigkeitsrecht ohne Rechtssicherheit nicht auskommt, wäre sonst die Antwort im letzteren Sinne bereits vorgegeben.

Die wirkliche Alternative zum System starrer Normen ist nicht die allgemeine Generalklausel, sondern der Kompromiß zwischen fester Regel und Generalklausel: feste Regeln als Ausgangsnormen und eine auf den Einzelfall abstellende Generalklausel, die eine Versagung der gesetzlichen Zuständigkeit ermöglicht, wenn die Interessenlage des Einzelfalles dies eindeutig erfordert.

In der anglo-amerikanischen Lehre vom forum non conveniens ist dieser Kompromiß verwirklicht: Ein Gericht kann die Ausübung einer gesetzlichen Zuständigkeit verweigern, wenn es nach allen Umständen des Einzelfalles zur Sachentscheidung ungeeignet ist und dem Kläger anderswo ein zur Klärung des Rechtsstreits geeignetes Gericht zur Verfügung steht.

---

[51] z. B. Heldrich, S. 241; vgl. dagegen Schröder, S. 488 f.

Zweiter Teil

Das anglo-amerikanische Beispiel:

Forum non conveniens[1]

Bei aller Verschiedenheit im einzelnen lassen sich grundlegende Charakteristika der Doktrin feststellen, die die Erscheinungsformen auch dann als zusammengehörig kennzeichnen, wenn sie nicht den Namen „forum non conveniens" tragen[2]. Diese Wesenszüge sind:

1. Forum non conveniens betrifft die Ausübung einer gegebenen Zuständigkeit, — § 6 —

2. Forum non conveniens betrifft die Auswahl zwischen verschiedenen Zuständigkeiten, — § 7 —

3. Forum non conveniens ist eine Frage richterlichen Ermessens, — § 9 —

4. Forum non conveniens ist eine Ausnahmeregelung für Härtefälle, — § 10 I 1 —

5. Forum non conveniens darf dem Kläger nicht schaden, — § 10 I 2 —

6. Forum non conveniens führt zur Abweisung oder Aussetzung des Prozesses, niemals zur direkten Verweisung an das andere Gericht — § 11 —.

---

[1] Allgemeine Darstellungen außerhalb der (insbes. amerikanischen und schottischen) IPR-Bücher: Blair, The Doctrine of Forum non Conveniens in Anglo-American Law, 29 Col. L. Rev. 1 (1929); Foster, Place of Trial — Interstate Application of Intrastate Methods of Adjustment, 44 Harv. L. Rev. 41 (1930 - 31); Dainow, The Inappropriate Forum, 29 Ill. L. Rev. 867 (1935); Comment: Forum non Conveniens, a New Federal Doctrine, 56 Yale L. J. 1234 (1947); Braucher, The Inconvenient Federal Forum, 60 Harv. L. Rev. 908 (1947); Barrett, The Doctrine of Forum non Conveniens, 35 Cal. L. Rev. 380 (1947); Bickel, The Doctrine of Forum non Conveniens as Applied in the Federal Courts in Matters of Admiralty, 35 Cornell L.Q. 12 (1949); Yukins, The Convenient Forum Abroad, 20 Stanf. L. Rev. 57 (1967); Thomson, Enlightened Forum non Conveniens Policy: a Remedy for Plaintiff's Jurisdictional Overreaching, 16 Wayne L. Rev. 1162 (1970). Rechtsprechungsübersichten: 48 A.L.R. 2d 850; 90 A.L.B. 2d 1109; 9 A.L.R. 3d 545. Weitere Literatur Anm. 76 a. E., 82.

[2] Der Ausdruck ist in England weitgehend ungebräuchlich, s. u. Anm. 46.

§ 4: Grundlagen

I. Die jurisdiction der englischen und amerikanischen[3] Gerichte[4]

Um einen Rechtsstreit entscheiden zu können, müssen englische und amerikanische Gerichte „jurisdiction" besitzen, „the power ... to act with respect to a particular controversy[5]". Das Vorliegen der jurisdiction ist u. a. abhängig von den örtlichen Bezügen des Rechtsstreits zum Gericht und regelt deshalb auch die Frage der internationalen Zuständigkeit; wenn man diesen Aspekt besonders betonen wollte, hat man auch von „jurisdiction in the international sense"[6] gesprochen. Es werden unterschieden: jurisdiction „in rem", „in personam" und „quasi in rem"[7].

„Jurisdiction in rem" ist Voraussetzung für „proceedings in rem"; das sind Verfahren, die entweder formell gegen eine Sache gerichtet sind — in „admiralty-cases"[8] können Schiffe verklagt werden — oder die Rechtslage von Sachen[9] oder Personen für und gegen alle regeln sollen — hierunter fallen z. B. Adoption und Scheidung[10]. „Jurisdiction in personam" ist Voraussetzung für „actions in personam": Klagen, bei denen

---

[3] Mit „amerikanisch" ist in dieser Arbeit US-amerikanisch, mit „Amerika" sind die USA gemeint.

[4] Die folgende Darstellung beschränkt sich auf das Mindestmaß, das zum Verständnis der forum non conveniens-Lehre notwendig ist. Sie übernimmt die traditionellen Begriffe der jurisdiction „in personam", „in rem" und „quasi in rem"; diese beherrschen die Praxis, obwohl sie in der Wissenschaft zunehmend kritisiert werden. Für Einzelheiten der jurisdiction siehe: Ehrenzweig, Treatise, §§ 26 ff.; Ehrenzweig - Louisell, Jurisdiction in a Nutshell (1968), §§ 3 ff.; v. Mehren - Trautman, Jurisdiction to Adjudicate — A Suggested Analysis, 79 Harv. L. Rev. 1121 (1966); Developments in the Law: State-Court Jurisdiction, 73 Harv. L. Rev. 909 (1960). Für England siehe: Gibb, The International Law of Jurisdiction in England and Scotland (1926); Morris, Conflict of Laws (1971), S. 58 ff.; Graveson, Conflict of Laws (1969), S. 90 ff. Für Schottland: Gibb, a.a.O.; Anton, Private International Law (1967), S. 95 ff.

[5] Developments — Jurisdiction, 44 Harv. L. Rev. 911 (1960); Graveson, S. 105.

[6] v. Mehren - Trautman, Multistate Problems, S. 589 ff.; Ehrenzweig, Treatise, S. 71 spricht von „international jurisdiction" nur im Rahmen der Urteilsanerkennung, das entspricht der „internationalen Zuständigkeit" als Beurteilungsregel.

[7] Für alle Einzelheiten dieser Dreiteilung siehe die in Anm. 4 angegebene Literatur.

[8] „Admiralty-cases" betreffen „causes of action arising under maritime law": Slaughter, Basic Principles of the Law of Admiralty, 19 Ark. L. Rev. 93/95 (1965); zur Abgrenzung im einzelnen siehe ferner Norris, The Law of Seamen (1970), vol. I ch. 1; Gilmore - Black, The Law of Admiralty (1957), ch. 1; Bacigal, Admiralty Jurisdiction in Tort Actions, 23 Wash. & Lee L. Rev. 345 (1966); dem englischen Administration of Justice Act 1956 s. 1 (1) (d) zufolge fällt unter „admiralty" „any claim for damage done by a ship".

[9] Ehrenzweig, Treatise, S. 80 nennt u. a. „actions for the registration of title, to quiet title, for partition, for the division of community assets, proceedings in probate, ... actions to establish ownership in corporate shares; and probably suits to compel conveyance of land and the establishment of a trust in land".

[10] Vgl. Anm. 15.

es um persönliche Ansprüche zwischen den Parteien geht (z. B. Schadensersatz, Vertragserfüllung, Unterhaltsansprüche). „Jurisdiction quasi in rem" schließlich ist eine auf inländisches Vermögen des zu Verklagenden gegründete und beschränkte jurisdiction zur Entscheidung über persönliche Ansprüche; sie ist nur dem amerikanischen Recht bekannt[11].

1. Der Ausgangspunkt: Anwesenheit der Person, Belegenheit der Sache

"The foundation of jurisdiction is physical power." Dieser Satz von Justice Holmes[12] kennzeichnet die Ausgangsbasis der jurisdiction im Common Law. Nicht rechtliche Konstruktion, sondern die Möglichkeit, physische Herrschaft über die Parteien oder die Streitsache auszuüben, ist ihre ursprüngliche Voraussetzung[13].

Physische Macht aber kann ausgeübt werden durch die Staatsgewalt über jeden, der sich im Staatsgebiet aufhält. Daraus folgt die Ausgangsregel: Ein Gericht hat jurisdiction über eine Person, wenn dieser die Ladung — in England „the writ", in den USA „the process" oder „the summons" — im Inland zugestellt werden kann; die Dauer des Aufenthaltes vor oder nach der Zustellung ist ohne Bedeutung (sog. „transient rule")[14].

Bei der „jurisdiction in rem" tritt an die Stelle der Person die „res". Die Belegenheit der Sache oder des rechtlichen Mittelpunkts des Personenstandes (domicile)[15] im Inland ist Voraussetzung für die jurisdiction.

Dies Konzept der „jurisdiction in rem" ist im wesentlichen bis heute unverändert geblieben. Man erhöhte allenfalls die Anforderungen an die Benachrichtigung der betroffenen Person[16] und tendiert in „status"-Sachen z. T. dahin, dem tatsächlichen Lebensmittelpunkt einer Person, der residence, mehr Gewicht gegenüber dem technischen domicile einzuräumen[17].

---

[11] s. u. 2 b.
[12] MacDonald v. Mabee, 243 U.S. 90 (1917).
[13] Pennoyer v. Neff, 95 U.S. 714 (1878); diese Auffassung ist von Ehrenzweig als historisch unrichtig kritisiert worden: The Transient Rule of Personal Jurisdiction: the ‚Power' Myth and Forum Conveniens, 65 Yale L.J. 289 (1956); Treatise, § 30; dagegen mit eingehender historischer Analyse: Levy, Mesne Process in Personal Actions at Common Law and the Power Doctrine, 78 Yale L.J. 52 (1968 - 69).
[14] USA: Pennoyer v. Neff, 95 U.S. 714 (1878); England: Jackson v. Spittall (1870) L.R. 5 C.P. 542/459; vgl. unten Anm. 30.
[15] Zur Problematik bei adoption und divorce siehe Ehrenzweig, Treatise, §§ 26,5 und 76.
[16] Mullane v. Central Hanover B. & T. Co., 339 U.S. 306 (1950); im allgemeinen genügt in den USA „constructive service" durch Veröffentlichung, was als unbefriedigend empfunden wird; vgl. Ehrenzweig, Treatise, § 26,3.
[17] z. B. für adoption: Stumberg, Principles of Conflict of Laws (1963), S. 339.

§ 4: Grundlagen der forum non conveniens-doctrine

Die „jurisdiction in personam" dagegen hat weitgehende Veränderungen erfahren.

2. Die Erweiterung der jurisdiction für persönliche Klagen

Die „transient rule" mußte sich als unzulänglich erweisen, da es ihr an Sachbezogenheit fehlte. Sie war modernen Verkehrsverhältnissen nicht angemessen, den Anforderungen des Handels nicht gewachsen. Rechtsschutz wurde vielfach notwendig, auch wenn der Beklagte im Inland nicht erreichbar war.

Bei der Erweiterung der jurisdiction für persönliche Klagen wurden in England und den USA unterschiedliche Wege eingeschlagen:

a) „forum conveniens" in England

In England wurde Mitte des 19. Jahrh.[18] die „assumed jurisdiction" eingeführt. Danach kann in bestimmten Fällen das Gericht jurisdiction an sich ziehen („to assume"), wenn eine Zustellung des writ im Inland nicht möglich ist. Heutige Rechtsgrundlage ist R. S. C. Ord. XI r. 1[19]. In den dort aufgeführten Fällen kann das englische Gericht die Zustellung des writ im Gerichtsausland („service out of the jurisdiction") erlauben; die Zustellung begründet die jurisdiction. — Die Erteilung der Erlaubnis liegt im Ermessen des Gerichts. Dieses nimmt die jurisdiction nur dann an, wenn es sich — über das Vorliegen der in Ord. XI genannten Voraussetzungen hinaus — im konkreten Fall als zur Entscheidung des Rechtsstreits geeigneten Gerichtsstand, als „forum conveniens" ansieht.

Eine Ermessenszuständigkeit also war die englische Antwort auf die Enge der transient rule.

b) „Quasi in rem jurisdiction", „minimum contacts" und „long-arm statutes" in den USA

Die Entwicklung in den USA ist gekennzeichnet durch Versuche der Einzelstaaten, ihre jurisdiction durch statutes von den Fesseln der transient rule zu befreien, und durch Urteile des US-Supreme Court, der über die Vereinbarkeit dieser statutes mit der amerikanischen Verfassung, insbesondere mit der Due Process Clause zu wachen hatte[20]. Der

---

[18] Common Law Procedure Act 1852, 15 & 16 Vict. ch. 76.
[19] s. u. § 10 II.
[20] Beispielhaft ist die Entwicklung in Kalifornien: de Krassel - Johnson, The Development of In Personam Jurisdiction over Individuals and Corporations in California: 1849 - 1970, 21 Hastings L.J. 1105 ff. (1970).

Grundsatz des due process wurde zur äußersten Grenze für die jurisdiction; innerhalb dieser Grenze haben die Einzelstaaten Gestaltungsfreiheit für ihre statutes.

Der historischen Entwicklung kann hier nicht nachgegangen werden; nur das Ergebnis sei umrissen:

aa) Die transient rule ist insoweit aufgegeben worden, als Zustellung (service) im Inland nicht mehr erforderlich zur Begründung der jurisdiction ist.

bb) Jedes Vermögen im Inland kann „jurisdiction quasi in rem" begründen, d. i. eine gegenständlich auf dieses Vermögen beschränkte jurisdiction zur Entscheidung über persönliche Ansprüche. Zur Begründung dieser jurisdiction muß das Vermögen beschlagnahmt und der Eigentümer angemessen benachrichtigt werden (reasonable notice)[21]. — Zum Vermögen gehören auch „intangibles", insbesondere Forderungen; sie gelten als am Aufenthaltsort des Drittschuldners belegen[22, 23].

cc) Für die jurisdiction in personam ist das Anwesenheitserfordernis aufgegeben; an seine Stelle sind „reasonable contacts" und „minimum contacts" getreten. Überall wo der zu Verklagende zurechenbar solche „contacts" verursacht hat, kann jurisdiction über ihn begründet werden, ohne gegen die Due Process Clause zu verstoßen[24]. Die Einzelstaaten haben dadurch weitgehenden Spielraum, ihre jurisdiction auszudehnen. Sie haben das durch die sog. „long-arm statutes" getan. Das Gemeinsame dieser statutes ist, daß mit ihnen Personen, die sich außerhalb des Gerichtslandes befinden, dessen jurisdiction unterworfen werden.

Die long-arm statutes sind i. d. R. ein Katalog von „contacts", bei deren Vorliegen der Einzelstaat jurisdiction beansprucht. Typische contacts sind: „The transaction of any business", „the commission of a tortious act", „the ownership, use, or possession of any real estate" in dem betreffenden Staat[25].

---

[21] Pennoyer v. Neff, 95 U.S. 714 (1878).
[22] Harris v. Balk, 198 U.S. 215 (1905); vgl. auch die Ausweitung der quasi in rem jurisdiction durch weite Auslegung des Begriffs „obligation" in N. Y.: Seider v. Roth, 269 N.Y.S. 2d 99 (C.A. 1966); Simpson v. Loehmann, 287 N.Y.S. 2d 633 (C.A. 1967) = 33 A.L.R. 3d 979; s. u. § 7 II 3.
[23] Die quasi in rem jurisdiction wird in jüngster Zeit als überholt kritisiert: Sie sei entstanden, um der Enge der transient rule zu entgehen. Da — wie im folgenden zu zeigen ist — die „jurisdiction in personam" nicht mehr auf die Anwesenheit des Beklagten angewiesen sei, habe die quasi in rem jurisdiction ihre Berechtigung verloren: vgl. Carrington: The Modern Utility of Quasi in Rem Jurisdiction, 76 Harv. L. Rev. 303 (1967).
[24] Grundlegend International Shoe Co. v. Washington, 326 U.S. 310 (1945); McGee v. International Life Ins. Co., 355 U.S. 220 (1957); einschränkend Hanson v. Denckla, 357 U.S. 235 (1958).
[25] Beispiele aus dem long-arm statute von Illinois aus dem Jahre 1955 (S.H.A. ch. 110 § 17, Text im Anhang A); das Illinois-statute war das erste dieser Art und wurde Vorbild für viele andere, z. B. Wash. Revised Code sec. 2.28.185, N.M. Statutes Annotated sec. 21-3-16.

Das neue statute von Kalifornien[26] geht einen anderen Weg: Es gibt Gerichten jurisdiction „im Rahmen der Verfassung", d. h. im Rahmen der Rechtsprechung des US-Supreme Court zur Due Process Clause: Ausdehnung der jurisdiction bis an die äußerste Grenze der Verfassung.

3. Einschränkungen der jurisdiction durch forum non conveniens

Die transient rule wurde mit wachsendem Verkehr nicht nur zu eng, sie erwies sich ebenso als zu weit. Jeder, der zu einem nur kurzen Aufenthalt England oder die USA betritt, kann nach dieser Regel verklagt werden, wenn nur der Kläger schnell genug mit der Ladung zur Stelle ist. Ehrenzweigs Bezeichnung der transient rule als „catch as catch can-rule"[27] scheint nicht übertrieben, wenn man erfährt, daß eine im Flugzeug über dem Gebiet des gewünschten Einzelstaates zugestellte Ladung als ausreichend zur Begründung von jurisdiction angesehen wurde[28]; oder wenn man hört, daß ein Kläger geradezu kriminalistische Nachforschungen durchführt, um zu erfahren, an welchem Wochentag der zu Verklagende seine Freunde im gewünschten Gerichtsstaat besucht[29]. Auf diese Weise konnten Gerichte mit Streitigkeiten befaßt werden, die keinerlei oder nur geringen sachlichen Kontakt mit dem Gerichtsland hatten, dagegen eindeutig enge Beziehungen zu einem anderen jurisdiction-Bereich aufwiesen. Diese Schwierigkeiten führten zu Kritik, jedoch nicht zur Aufhebung der transient rule: personal service im Inland ist nach wie vor ausreichend zur Begründung von jurisdiction in den USA und England[30].

---

[26] Cal. Code of Civil Procedure § 410.10: "A court of this state may exercise jurisdiction on any basis not inconsistent with the Constitution of this state or of the United States."
[27] La Loi du Forum Compétent, in Liber Amicorum Louis Fredericq (1965), S. 399/404; vgl. 65 Yale L.J. 289 f.
[28] Grace v. MacArthur, 170 F.Supp. 442 (E.D.Ark. 1959).
[29] Elliott v. Johnston, 292 S.W.2d 589 (Mo. 1956); in Maharanee of Baroda v. Wildenstein (1972) 2 Q.B. 283 wurde das „writ" beim Pferderennen in Ascot zugestellt.
[30] Round Table: Transient Jurisdiction — Remnant of Pennoyer v. Neff, 9 J.Pub.L. 281 ff. (1960). Inglis hat bestritten, daß „personal service" in England zur jurisdiction ausreiche: Forum Conveniens — Basis of Jurisdiction in the Commonwealth, 13 Am.J.Comp.L. 583 (1964); Jurisdiction, The Doctrine of Forum Conveniens, and Choice of Law in Conflict of Laws, 81 L.Q.R. 380 (1965). Zum service müsse hinzukommen „that the forum should be conveniens" (13 Am.J.Comp.L. 591). Die als Beleg angeführten Entscheidungen tragen die These nicht. Das Zitat aus John Russel & Co. Ltd. v. Cayzer Irvine & Co. Ltd. (1916) 2 A.C. 298/303 („the sphere of jurisdiction and the sphere of the right which acceptance of service confers upon the court are not coterminous") meint ganz andere Sachverhalte (z. B. Klagen gegen „foreign sovereigns"), worauf McClean, Jurisdiction and Judicial Discretion, 18 I.C.L.Q. 931/945 (1969) mit

Die Lehre vom forum non conveniens wurde das Mittel, um äußerste Unzuträglichkeiten zu vermeiden. Nach ihr kann ein Gericht einen Rechtsstreit nach eigenem Ermessen ohne sachliche Entscheidung abweisen, wenn es sich nach Abwägung aller Umstände des Einzelfalles als „inappropriate" oder „inconvenient" zur Entscheidung ansieht und anderswo ein „convenient" forum zur Verfügung steht. Ausgehend von den offensichtlichen Unzulänglichkeiten der transient rule, hat sich die Lehre in den USA als allgemeine Generalklausel für alle Zuständigkeiten durchgesetzt[31]. In England war solche Verallgemeinerung nicht erforderlich, da die jurisdiction unter Ord. XI ohnehin „discretionary" ist[32], forum non conveniens in England blieb deshalb auf die Anwesenheitszuständigkeit beschränkt[33].

4. Ergebnis

a) In den USA ist die Enge der allein auf die Anwesenheit des Beklagten abstellenden „transient rule" durch ein sehr weitgehendes Konzept der „personal jurisdiction" ergänzt worden. Die Grundlagen der „jurisdiction in personam" sind

1. Anwesenheit (Zustellung der Ladung) im Inland (transient rule),

2. „reasonable or minimum contacts" im Rahmen der (long-arm) statutes, insbesondere „doing business",

3. Vermögen im Inland (quasi in rem jurisdiction).

Die Ausübung der jurisdiction ist eingeschränkt durch die allgemeine Generalklausel des forum non conveniens.

b) In England sind Grundlagen der „jurisdiction in personam" die Zustellung des „writ" im Inland — die Ausübung dieser jurisdiction kann nach forum non conveniens abgelehnt werden — und die Zustellung im Ausland nach RSC Ord. XI, bei der eine Ermessenskontrolle durch das Gericht vorgeschaltet ist.

Recht hinweist. Inglis' „leading case" In Re Kernot (1965) 1 Ch. 217 (1964) ist als Personensorgesache nicht verallgemeinerungsfähig. Colt Industries Inc. v. Sarlie (1966) 1 W.L.R. 440 (Q.B. 1965) und Maharanee of Baroda v. Wildenstein (1972) 2 Q.B. 283 haben die Anwesenheitszuständigkeit bestätigt. So auch Cowen, A British View, 9 J.Pub.L. 303 ff. (1960); Graveson, Conflict of Laws (1969), S. 113; Morris, Conflict of Laws (1971), S. 58 ff.

[31] s. u. § 7 II; gerade die Ausdehnung der jurisdiction durch die long-arm statutes verstärkte den Ruf nach forum non conveniens: vgl. Leflar, The Converging Limits of State Jurisdictional Powers, 9 J.Pub.L. 282/290 f. (1960); Comment zum forum non conveniens-Vorschlag der Judicial Conference von N.Y. (Text im Anhang B III).

[32] s. u. § 10 II, insbes. Anm. 339.

[33] Vgl. unten § 10 II, aber auch Anm. 49.

§ 4: Grundlagen der forum non conveniens-doctrine

II. Ansätze zum Zuständigkeitsermessen im anglo-amerikanischen Recht

Die Bedingungen für die Einräumung eines Ermessensspielraums zur Lösung des Problems „internationale Zuständigkeit" waren im anglo-amerikanischen Rechtssystem günstig.

1. „Jurisdiction" und „exercise of jurisdiction"

Im anglo-amerikanischen Recht wird zwischen jurisdiction und ihrer Ausübung (exercise of jurisdiction) unterschieden. „Jurisdiction" heißt, daß das Gericht die „power", „authority" besitzt[34], einen wirksamen Richterspruch zu fällen. Ob es diese Fähigkeit auch ausübt, ist dann eine zweite Frage. Mag auch in der Regel eine Pflicht zur Ausübung der jurisdiction bestehen[35], so muß doch die begriffliche Trennung von „jurisdiction" und „exercise of jurisdiction" die Möglichkeit fördern, die Ausübung auch einmal abzulehnen.

Die der Trennung von „jurisdiction" und „exercise of jurisdiction" entsprechende Unterscheidung liegt im deutschen Recht zwischen Gerichtsbarkeit und internationaler Zuständigkeit. Letztere regelt, wann die Gerichtsbarkeit (die „power") ausgeübt werden soll; sie ist Aufgabenzuweisung. Der Zuständigkeit wohnt — im Gegensatz zur jurisdiction — das Moment der Verpflichtung wesensmäßig inne. Deshalb scheint bei gegebener Zuständigkeit weniger Raum für die Frage nach ihrer Ausübung als bei der jurisdiction des anglo-amerikanischen Rechts.

2. Discretionary jurisdiction — equity

Die Tatsache, daß ein Gericht nach Billigkeitsgesichtspunkten im Einzelfall über Ausübung oder Nichtausübung der jurisdiction entscheidet, ist dem anglo-amerikanischen Recht aus dem Bereich der „equity" geläufig. „Equity" wurde als „discretionary power to do justice in particular cases where the strict rules of law cause hardship"[36] entwickelt. Sie konnte nur vom Chancellor bzw. dem Court of Chancery angewandt werden, umgekehrt konnte der Court of Chancery nur nach equity entscheiden. Die Verbindung von einem bestimmten materiellen Rechtsbehelf mit einem speziellen Gericht brachte es mit sich, daß Versagung des „equitable remedy" zugleich Nichtausübung der juris-

---

[34] Vgl. oben § 4 I vor 1.
[35] Cohens v. Virginia, 6 Wheat. 264, 5 L.ed. 257 (U.S. 1821).
[36] Hanbury's Modern Equity (1969), S. 4; vgl. The Earl of Oxford's Case, 21 Engl. Rep. 485 (1615).

diction des Court of Chancery bedeutete[37]. Da die Zusprechung des „equitable remedy" auf „discretion" beruhte, war auch die Ausübung der jurisdiction eine Frage richterlichen Ermessens[38].

3. Discretion bei der örtlichen Zuständigkeit („venue")

Im Bereich der örtlichen Zuständigkeit („venue") innerhalb eines jurisdiction-Bezirks haben englische und amerikanische Gerichte traditionsgemäß[39] weitgehende Möglichkeiten, den Prozeßort — „place of trial" — nach eigenem Ermessen zu bestimmen. Sei es, daß sie von vornherein den Prozeßort selbst festlegen und dann auch abändern können — so der High Court in England[40] — oder daß zunächst der Kläger unter mehreren Gerichtsständen wählt und dann das angegangene Gericht den Prozeß an einen anderen Ort verweisen kann, wenn dort das Verfahren zweckmäßiger und gerechter zu führen ist — so vielfach in den USA[41].

Entscheidungsspielraum der Gerichte bei Ausübung von jurisdiction und Einflußnahme der Gerichte auf den Prozeßort sind somit dem anglo-amerikanischen Recht traditionsgemäß vertraut. Der Schritt zum Ermessen bei der Frage, ob die „jurisdiction in the international sense" ausgeübt werden soll oder nicht, war damit wesentlich erleichtert.

---

[37] Das wird dokumentiert durch die unterschiedliche Ausdrucksweise zweier Richter in Ryan v. Mutual Tontine Westminster Chambers Association (1893) 1 Ch. 116 (C.A. 1892): Eine Klage auf „specific performance" wurde abgewiesen; während Lopes, C.J., ausführt: "The Court will not compel specific performance..." (S. 125), formuliert Kay, C. J., das Gericht habe Grund, „not exercising its extraordinary jurisdiction" (S. 128).
[38] Der leading case Koster v. Lumbermens Mutual Cas. Co., 330 U.S. 518/522 (1946) bringt forum non conveniens in Zusammenhang mit der equity-Maxime „He who seeks equity must do equity".
[39] Holmes v. Wainwright, 102 Engl. Rep. 624 (K.B. 1803); Blume, Place of Trial in Civil Actions — Early English and Modern Federal, 48 Mich.L.Rev. 1/28 (1949 - 50).
[40] R.S.C. Ord. 33 r. 4: "...an order... shall determine the place and mode of the trial; and any such order may be varied by a subsequent order..."; Ord. 35 r. 4: "If the judge at any place on circuit is of opinion that any cause or matter in the list for trial at that place cannot... be conveniently tried at that place, he may... change the place of trial..."; vgl. Fullerton v. Ryman (1956) 1 W.L.R. 428 (Ch.).
[41] z. B. Cal. Code of Civil Procedure § 397: "The Court may, on motion, change the place of trial in the following cases: (2) When there is reason to believe that an impartial trial cannot be had therein, (3) When the convenience of witnesses and the ends of justice would be promoted by the change."
Ähnlich z. B. N.Y. Civil Practice Law & Rules § 510; La. Code of Civil Procedure Art. 123; der forum non conveniens-leading case Gulf Oil Corp. v. Gilbert, 330 U.S. 501 (1946) beruft sich u. a. auf diese Praxis.

III. Die Entwicklung von forum non conveniens

1. Ausgangspunkt in Schottland

Der Ausdruck „forum non conveniens" ist kein Produkt des anglo-amerikanischen Rechtskreises: Er stammt aus dem schottischen Recht. Zumindest seit dem 19. Jahrhundert haben schottische Gerichte Prozesse abgewiesen oder ausgesetzt mit der Begründung, sie seien ein „forum non competens" oder „forum non conveniens" — d. h. ein zur Entscheidung des Rechtsstreites ungeeignetes („inappropriate") Gericht; Voraussetzung war, daß in einem anderen Land ein „forum conveniens" — ein „appropriate forum" — erreichbar war. Die „plea of forum non conveniens" wurde insbesondere angewandt bei Prozessen um Ansprüche gegen ausländische Vermögensmassen (Klagen gegen Verwalter ausländischer Nachlässe, Konkurssachen) oder ausländische Gesellschaften[42].

Unter „forum non conveniens" konnten auch Klagen abgewiesen werden, wenn im Ausland bereits ein früherer Prozeß anhängig war — die „plea of lis alibi pendens" (Einrede der Rechtshängigkeit) galt als selbständige Einrede nur bei Doppelklage in Schottland, im Verhältnis zum Ausland war sie Unterfall des „forum non conveniens"[43].

2. England — vexation and oppression

In England dagegen hatten umgekehrt die Gerichte zunächst nur im Fall des „lis alibi pendens" die Möglichkeit, die Entscheidung eines Rechtsstreites abzulehnen; dann nämlich, wenn der Beklagte „doubly vexed" war[44].

In dem Rechtsstreit Logan v. Bank of Scotland[45] wies der englische Court of Appeal erstmals einen Prozeß ab, obwohl kein anderweitiger Prozeß anhängig war. Begründung: London als Prozeßort verursache für die Beklagten „serious injustice", Schottland dagegen sei das geeignete Land für eine Klage; dort wohnten alle wirklichen Prozeßparteien, dort seien die Beweismittel und schottisches Recht sei anwendbar. Deshalb sei — auch ohne lis alibi pendens — die Klage in London „vexatious". In dem Urteil berief sich das Gericht u. a. auf

---

[42] Zur schottischen Entwicklung Gibb, S. 222 ff.
[43] Gibb, S. 217 ff.; Anton, S. 152; vgl. Argyllshire Weavers Ltd. v. A. Macaulay (Tweeds) Ltd., 1962 S.C. 388.
[44] McHenry v. Lewis, 22 Ch.D. 397 (C.A. 1882); In Re Orr Ewing, 22 Ch.D. 456/465 f. (C.A. 1882); vgl. Gibb, S. 213 ff.
[45] (1906) 1 K.B. 141 (C.A.); vgl. dagegen noch Jackson v. Spittall (1870) L.R. 5 C.P. 542.

die schottische Praxis des forum non conveniens, ohne jedoch selbst diese Formel zu übernehmen[46].

Binnen kurzer Zeit folgten mit den Entscheidungen Egbert v. Short[47] und In Re Norton's Settlement[48] zwei weitere ähnliche Urteile. Den Beklagten war in beiden Fällen das „writ" bei Hotelaufenthalten in England zugestellt worden, die Kläger waren kurzfristig für die Klage nach England gekommen. Die Sachverhalte waren völlig auf Indien konzentriert. In beiden Urteilen betonte das Gericht den „vexatious and oppressive" Charakter der Klage in England.

„Vexation" und „oppression" ist Erfordernis der englischen Spielart vom forum non conveniens geblieben. Anwendungsfälle blieben aber selten[49]; dagegen stehen forum non conveniens-Erwägungen im Rahmen des lis alibi pendens häufig im Vordergrund[50].

Die geringe Zahl „echter" forum non conveniens Fälle ist verständlich, wenn man berücksichtigt, daß im weiten Bereich der „assumed jurisdiction" der internationalen Zuständigkeit bereits eine Ermessenskontrolle des Gerichts vorgeschaltet ist (Lehre vom forum conveniens)[51].

---

[46] Bis heute ist der lateinische Ausdruck in England ungebräuchlich; Ausnahme St. Pierre v. South American Stores (Gath & Chaves), Ltd. (1936) 1 K.B. 382 (C.A. 1935). Die Bezeichnung ist jedoch gerechtfertigt wegen des gemeinsamen Grundprinzips: Gibb, S. 212; vgl. Foster, 44 Harv.L.Rev. 54 (1930 - 31); Barrett, 35 Cal.L.Rev. 388 (1947); Braucher, 60 Harv.L.Rev. 910 (1947); Cowen, 9 J.Pub.L. 306 (1960). Siehe aber Anm. 49.
[47] (1907) 2 Ch. 205.
[48] (1908) 1 Ch. 471 (C.A.).
[49] In St. Pierre v. South American Stores (Gath & Chaves), Ltd. (1936) 1 K.B. 382 (1935) und Chaney v. Murphy, 64 T.L.R. 489 (C.A. 1948) wurden die Anträge auf Prozeßabweisung abgelehnt. Die seltene Anwendung hat Zweifel hervorgerufen, ob forum non conveniens überhaupt ein allgemeines Prinzip des englischen Rechts sei. Ablehnend Morris, S. 80 ff.; befürwortend Graveson, S. 152 f.: England lehne die Ausübung der Zuständigkeit ab, wenn es nicht forum conveniens sei. Die jüngsten Entscheidungen zu dieser Frage: Maharanee of Baroda v. Wildenstein (1972) 2 Q.B. 283 und The Atlantic Star (1972) 3 W.L.R. 746 scheinen zu bestätigen, daß forum non conveniens kein Grundsatz des englischen Rechts ist. Beide Urteile besagen aber letztlich nur, daß die Anforderungen an die Ungeeignetheit des Gerichts in England besonders hoch sind, da dort erst bei „vexation" und „oppression" oder „abuse of process" zur Abweisung führt; dagegen wird anerkannt, daß es Fälle geben könne, in denen wegen offensichtlicher Ungeeignetheit der Prozeß abzuweisen oder auszusetzen sei. Lord Denning, M. R., nennt in Baroda v. Wildenstein, S. 292, das Beispiel eines Verkehrsunfalls in Rom zwischen zwei Italienern und anschließende Zustellung des „writ" bei einem „short holiday" in England: "I would agree that such an action would be stayed. The issue would be solely Italian." Inglis sieht — zu Unrecht (vgl. Anm. 30) — im Vorliegen eines forum conveniens in England eine allgemeine Voraussetzung bereits für das Vorliegen der jurisdiction und lehnt deshalb folgerichtig eine besondere forum non conveniens-Beschränkung bei der Ausübung der jurisdiction ab; vgl. dagegen unten § 10 II.
[50] The Monte Urbasa (1953) 1 Lloyd's Rep. 587 (P.D.A.); The Soya Margareta (1960) 2 All.E.R. 756 (P.D.A.); vgl. McClean, 18 I.C.L.Q. 931 ff.
[51] Vgl. unten § 10 II.

§ 4: Grundlagen der forum non conveniens-doctrine

Nur in Fällen, in denen die jurisdiction englischer Gerichte lediglich auf Zustellung des „writ" im Inland beruhte (transient rule), konnte eine nachträgliche Ermessenskontrolle erforderlich werden. Die schwer nachweisbare Voraussetzung, daß der Kläger schikanös gehandelt habe, tat ein übriges, um die forum non conveniens-Praxis einzuschränken[52].

3. USA[53]

a) Discretionary jurisdiction über nonresidents

Der englische leading case Logan v. Bank of Scotland führte neben dem schottischen „forum non conveniens" auch den New Yorker Fall Collard v. Beach (1903/04)[54] als Entscheidungsgrundlage an. In dieser Entscheidung hatte die Appellate Division einen Rechtsstreit zwischen zwei residents von Connecticut wegen eines Unfalls in Connecticut durch Prozeßurteil abgewiesen und sich dabei berufen auf „a fully established rule that the courts of this state, in the exercise of a sound judicial discretion, will decline jurisdiction between foreigners or nonresidents founded upon personal injuries or purely personal wrongs, unless special circumstances are shown..."[55]. Die Entwicklung der hier angesprochenen „fully established rule" hatte bereits im Jahre 1817 mit der Entscheidung Gardner v. Thomas[56] begonnen; sie wurde begründet mit der übermäßigen Belastung der einheimischen Gerichte und Steuerzahler durch auswärtige Rechtsstreitigkeiten[57]. Eine ähnliche Ermessensklausel hatte sich bis 1900 in der equity-Rechtsprechung von Massachusetts herausgebildet[58], sie wurde 1933 generell für Klagen zwischen nonresidents anerkannt[59]. Wenige Jahre zuvor hatten bereits die obersten Gerichte von Maine (1927)[60] und New Hampshire (1930)[61] diese Generalklausel anerkannt. Die „discretionary power to decline jurisdiction over nonresidents" wurde eine der Wurzeln für die Lehre vom forum non conveniens in den USA.

---

[52] z. B. in Maharanee of Baroda v. Wildenstein (1972) 2 Q.B. 283 und The Atlantic Star (1972) 3 W.L.R. 746; vgl. auch unten § 5 II.
[53] Zur Entwicklung vgl. Ehrenzweig, Treatise, S. 120 ff.; Comment, 56 Yale L.J. 1234 ff.; Bickel, 35 Cornell L.Q. 12 ff.
[54] 81 N.Y.Supp. 619, 87 N.Y.Supp. 884 (A.D. 1903/04).
[55] 81 N.Y.Supp. 621.
[56] 14 Johns.R. 134 (N.Y.S.Ct. 1817); vgl. Ferguson v. Neilson, 11 N.Y.Supp. 524 (S.Ct. 1890); Wertheim v. Clergue, 65 N.Y.Supp. 750 (A.D. 1900); zur weiteren Entwicklung: McGough, The Application of Forum non Conveniens in New York, 21 N.Y.Univ.Intr.L.R. 1 (1965/66).
[57] Collard v. Beach, 87 N.Y.Supp. 884/885 (A.D. 1904); Pietraroia v. New Jersey & H.R.Ry. & Ferry Co., 91 N.E. 120 (N.Y. 1910).
[58] National Telephone Manufacturing Co. v. Dubois, 42 N.E. 510 (Mass. 1896).
[59] Universal Adjustment Corp. v. Midland Bank, 184 N.E. 152 (Mass. 1933).
[60] Foss v. Richards, 139 A. 313 (Me. 1927).
[61] Jackson & Sons v. Lumbermen's Mut. Cas. Co., 168 A. 895 (N.H. 1930).

b) Discretionary jurisdiction in „admiralty"-Sachen

Zum zweiten Ausganspunkt wurde die „admiralty"-Praxis: Die amerikanischen Schiffahrtsgerichte hatten — unter Berufung auf die internationale „comity" — ihre jurisdiction von jeher „discretionary" ausgeübt[62]. Eine sinnvolle Beschränkung in der Ausübung der jurisdiction schien hier besonders notwendig: zum einen, weil bei wachsender Beweglichkeit des internationalen Handels das Konzept der „mere presence-jurisdiction" besonders leicht zu Klagen führen konnte, die keinen sachlichen Kontakt zum Gerichtsland hatten und ohne Schwierigkeiten anderswo hätten entschieden werden können; zum anderen, weil mit der Entscheidung durch amerikanische Gerichte vielfach die Anwendung amerikanischen Rechts verbunden war[63]. Die Abweisung des Rechtsstreites war dann ein Weg, die Anwendung amerikanischen Sachrechts zu vermeiden, falls keine genügenden Kontakte zum Inland vorlagen[64].

In Canada Malting Co. v. Paterson Steamships (1932)[65] billigte der US-Supreme Court die Prozeßabweisung der beiden unteren Gerichte im Rechtsstreit um den Zusammenstoß zweier kanadischer Schiffe auf der amerikanischen Seite des Lake Superior. Er betonte dabei, daß die discretionary power, einen Rechtsstreit trotz gegebener jurisdiction abzuweisen, nicht unbedingt auf admiralty-courts beschränkt sei. Damit war angedeutet, daß eine allgemeine Ermessensklausel i. S. der forum non conveniens-Lehre die Billigung des höchsten amerikanischen Gerichts finden würde.

c) Der Aufsatz von Blair

Den dritten wichtigen Anstoß zur Bildung einer generellen Doktrin gab im Jahre 1929 ein Aufsatz von *Blair* in der Columbia Law Review: "The Doctrine of Forum non Conveniens in Anglo-American Law[66]." Blair versuchte, hinter den verschiedenen „dismissals" amerikanischer Gerichte das gemeinsame Prinzip zu formulieren und verband die amerikanische Tradition mit derjenigen der englischen und schottischen Gerichte, vor allem mit dem Begriff „forum non conveniens". Dieser Ausdruck war zuvor in den USA nicht gebraucht worden[67]; er fand nunmehr Eingang in die amerikanische Rechtssprache.

---

[62] The Belgenland, 114 U.S. 355 (1885); vgl. Bickel, 35 Cornell L.Q. 12; Kleinmann, Admiralty Suits Involving Foreigners, 31 Tex.L.Rev. 889 (1953); Norris, The Law of Seamen (1970), vol. I § 7.
[63] Ehrenzweig, Private International Law (1967), S. 196 ff.
[64] s. u. § 8 IV 5 b).
[65] 285 U.S. 413.
[66] 29 Col.L.Rev. 1 ff.
[67] Ausnahme: Bagdon v. Philadelphia & Reading Coal & Iron Co., 165 N.Y.Supp. 910 (A.D. 1917).

§ 4: Grundlagen der forum non conveniens-doctrine

Im Jahre 1941 bezeichnete Justice Frankfurter in seiner dissenting opinion zu Baltimore & Ohio Railroad Co. v. Kepner[68] die Lehre vom forum non conveniens als eine „... manifestation of a civilized judicial system ... firmly imbedded in our law". Entsprach auch diese Feststellung noch nicht der Realität, so dokumentiert sie doch die wachsende Bedeutung der Doktrin in der amerikanischen Rechtspraxis.

d) Die Anerkennung als allgemeine Doktrin

Die entscheidende Anerkennung der Generalklausel des forum non conveniens erfolgte im Jahre 1946 durch zwei Entscheidungen des US-Supreme Courts: In Gulf Oil Corporation v. Gilbert (Klage in „law")[69] und Koster v. Lumbermens Mutual Cas. Co. (Klage in „equity")[70] sprach der Supreme Court den Federal District Courts allgemein das Recht zu, Klagen auf Grund von forum non conveniens abzuweisen.

Gilbert, ein Warenhausbesitzer aus Lynchburg, Virginia, hatte beim Brand seines Warenhauses in Lynchburg angeblich Schaden in Höhe von über 365 000 Dollar erlitten. Er behauptete, der Brand sei entstanden, weil Angestellte der Gulf Oil Corp. bei einer Benzinlieferung für das Warenhaus fahrlässig die Explosion eines Tanks verursacht hätten. Gulf Oil war eine Pennsylvania Corporation, „doing business" — und demnach auch verklagbar — sowohl in Virginia als auch in New York.

Gilbert verklagte die Gulf Oil Corporation vor dem Federal District Court in New York auf Schadensersatz; New York wurde offensichtlich als Klageort gewählt in der Hoffnung, daß eine New Yorker „Weltstadt-Jury" höhere Schadenssummen zusprechen werde als ein Gericht in der Provinzstadt Lynchburg.

Der District Court wies den Prozeß ohne Sachentscheidung ab, da er besser im more convenient forum in Virginia entschieden würde[71]. Der Circuit Court of Appeal hob die Entscheidung auf[72], der Supreme Court jedoch gab der Erstinstanz recht: Die Lehre vom forum non conveniens berechtige die untersten Bundesgerichte, einen Rechtsstreit abzuweisen, wenn er unter Berücksichtigung aller Umstände des Einzelfalls besser an einem anderen Ort entschieden werden könne.

Die Entscheidung erging — ebenso wie die Parallelentscheidung im Fall Koster — mit einer majority von 5:4; die dissenting opinion stützte

---

[68] 314 U.S. 44/62.
[69] 330 U.S. 501 (1946).
[70] 330 U.S. 518 (1946).
[71] Gilbert v. Gulf Oil Corp., 62 F.Supp. 291 (S.D. N.Y. 1945); das Gericht stützte sich auf die New Yorker nonresident-Regel, die auf Grund der doctrine von Erie R.R. Co. v. Tompkins, 304 U.S. 64 (1938) auch für die Bundesgerichte geltendes Recht sei.
[72] Gilbert v. Gulf Oil Corp., 153 F.2d 883 (2d Cir. 1946).

Historische Entwicklung

sich auf das Argument der Rechtssicherheit und darauf, daß eine so gewichtige Neuregelung jedenfalls nur im Wege der Gesetzgebung eingeführt werden dürfe.

Für die Bundesgerichte erfolgte die gesetzliche Regelung im Jahre 1948 durch Einführung des 28 U.S.C. § 1404 (a); er lautet: "For the convenience of parties and witnesses, in the interest of justice, a district court may transfer any civil action to another district or division where it might have been brought[73]." Eingeführt wurde die Verweisung (transfer) des Rechtsstreits von einem zuständigen Federal District Court zu einem anderen. Damit ging der Gesetzgeber über die Lehre vom forum non conveniens hinaus; diese kennt nur Abweisung oder Aussetzung des Prozesses[74]. Sie ist für die Bundesgerichte weiterhin anwendbar außerhalb des Regelungsbereichs des 28 U.S.C. § 1404 (a), insbesondere im Verhältnis zu ausländischen Gerichten[75]. Damit steht forum non conveniens den federal courts hauptsächlich bei admiralty-cases, an denen Ausländer beteiligt sind, nach wie vor zur Verfügung.

Das Schwergewicht der Lehre vom forum non conveniens liegt jedoch bei den Einzelstaaten der USA. In fast der Hälfte von ihnen ist sie durch die Rechtsprechung der obersten Gerichte anerkannt worden[76],

---

[73] Rechtsprechungsübersicht zu dieser Vorschrift: 1 A.L.R. Fed. 15.
[74] Vgl. § 11.
[75] Norwood v. Kirkpatrick, 349 U.S. 29 (1955); Vanity Fair Mills, Inc. v. T. Eaton Co., 234 F.2d 633/645 (2d Cir. 1956), cert. den. 352 U.S. 871; Yerostathis v. A. Luisi, Ltd., 380 F.2d 377/379 (9th Cir. 1967).
[76] Arkansas: Running v. Southwest Freight Lines, 303 S.W.2d 578 (Ark. 1957); Kalifornien: Price v. Atchinson, T. & S.F.Ry., 268 P.2d 457 (Cal. 1954); Delaware: Kolber v. Holyoke Shares, Inc., 213 A.2d 444 (Del. 1965); Florida: Hagen v. Viney, 169 So. 391 (Fla. 1936); Faulkner v. S.A. Empresa de VARIG, 222 So.2d 805 (Fla.App. 1969); Illinois: Whitney v. Madden. 79 N.E.2d 593 (Ill. 1948); Iowa: Rath Packing Company v. Intercontinental Meat Traders, Inc., 181 N.W.2d 184 (Iowa 1970); Kansas: Gonzales v. Atchinson Topeka and Santa Fe Ry. Co., 371 P.2d 193 (Kan. 1962); Louisiana: Smith v. Globe Indemnity Co., 243 So.2d 882 (La.App. 1971); Maine: Foss v. Richards, 139 A. 313 (Me. 1927); Massachusetts: Universal Adjustment Corp. v. Midland Bank, 184 N.E. 152 (Mass. 1933); New Amsterdam Cas. Co. v. Estes, 228 N.E.2d 440 (Mass. 1967); Minnesota: Johnson v. Chicago, Burlington and Quincy Railroad Co., 66 N.W.2d 763 (Minn. 1954); Mississippi: Illinois Central Railroad Company v. Moore, 215 So.2d 419 (Miss. 1968); Missouri: Elliott v. Johnston, 292 S.W.2d 589 (Mo. 1956); New Hampshire: Thistle v. Halstead, 58 A.2d 503 (N.H. 1948); New Jersey: Gore v. U.S. Steel Corp., 104 A.2d 670 (N.J. 1954); New York: Bata v. Bata, 105 N.E.2d 623 (N.Y. 1952); Oklahoma: St. Louis-San Francisco Ry. Co. v. Superior Court, 276 P.2d 773 (Okl. 1954); Pennsylvania: Plum v. Tampax, Inc., 168 A.2d 315 (Pa. 1961); Tennessee: Zurick v. Inman, 426 S.W.2d 767 (Tenn. 1968); Texas: Flaiz v. Moore, 359 S.W.2d 872 (Tex. 1962); Utah: Mooney v. Denver & R.G.W.R. Co., 221 P.2d 628 (Utah 1950); ferner District of Columbia: Walsh v. Crescent Hill Co., 134 A.2d 653 (D.C.App. 1957). Zur Entwicklung in Einzelstaaten: Goddard, The Doctrine of Forum non Conveniens in Illinois, 1964 Univ.Ill.L. Forum 646; Baggerman, Forum non Conveniens in Missouri, 36 Mo.L.Rev. 105 (1971); McGough, The Application of Forum non Conveniens in New York, 21 N.Y.Univ.Intr.L.Rev. 1 (1965/66); s. a. Anm. 78, 82.

§ 4: Grundlagen der forum non conveniens-doctrine

in Wisconsin[77] und Kalifornien[78] hat sie eine gesetzliche Regelung gefunden[79]; in anderen Staaten ist die Entscheidung über Annahme oder Ablehnung der Lehre noch ausdrücklich offengelassen worden[80], einige haben die Doktrin als unvereinbar mit geltendem Zuständigkeitsrecht[81] oder als unzweckmäßig[82] abgelehnt.

Forum non conveniens hat Eingang gefunden in das Restatement of the Law Second — Conflict of Laws[83]; § 84 definiert: "A state will not exercise jurisdiction if it is a seriously inconvenient forum for the trial of the action provided that a more appropriate forum is available to the plaintiff."

Auch der den Einzelstaaten zur Einführung empfohlene Uniform Interstate and International Procedure Act[84] enthält eine forum non conveniens-Klausel; section 1.05 lautet: "When the court finds that in the interest of substantial justice the action should be heard in another forum, the court may stay or dismiss the action in whole or in part on any conditions that may be just."

Die besondere Bedeutung von forum non conveniens in den USA ist verständlich. Ursache ist einmal die oben geschilderte Erweiterung der jurisdiction — ohne daß wie in England (RSC Ord. XI) eine richterliche Kontrolle vorgeschaltet wurde[85]; je großzügiger jurisdiction gewährt wird und je größer damit die Wahlmöglichkeit für den Kläger wird, desto dringender wird der Ruf nach forum non conveniens-Korrek-

---

[77] W.S.A. 262.19, in Kraft seit 1. 7. 60, Text im Anhang B II.

[78] Cal. Code of Civil Procedure § 410.30, in Kraft ab 1. 7. 70; ein früherer Senatsentwurf von 1953 war gescheitert; beide Texte im Anhang B I. Für Einzelheiten siehe Ryan - Berger, Forum non Conveniens in California, 1 Pac.L.J. 532 (1970); Vulliet, Forum non Conveniens in California, 21 Hastings L.J. 1245 (1970).

[79] Bisher vergebliche Gesetzesvorschläge hat es gegeben in Missouri (1952): Report of the Committee of the Kansas City Bar Association on Proposed Rules of Civil Procedure, 9 J.Mo.B. 1 (1953); sowie in New York: Ninth Report of the Judicial Conference to the Legislature on the Civil Practice Law and Rules, 1 McKinney's Session Law News of N.Y. (1971), S. A-12/13 (Text im Anhang B III).

[80] Georgia: Atlantic Coast Line R. Co. v. Westbrook, 70 S.E.2d 531 (Ga.App. 1952); Indiana: Hartunian v. Wolflick, 122 N.E.2d 622 (Ind.App. 1954) mit Tendenz zur Annahme; Montana: State ex rel. Great N. Ry. v. District Court, 365 P.2d 512 (Mt. 1961) mit Tendenz zur Annahme; Nevada: State ex rel. Swisco, Inc. v. Second Judicial District Court, 385 P.2d 772 (Nev. 1963); New Mexico: Torres v. Gamble, 410 P.2d 959 (N.M. 1966); Oregon: Horner v. Pleasant Creek Mining Corp., 107 P.2d 989 (Or. 1940).

[81] Alabama: Ex Parte State ex rel. Southern Ry. Co., 47 So.2d 249 (Ala. 1950); Central of Georgia Ry. Co. v. Phillips, 240 So.2d 118 (Ala. 1970).

[82] Washington: Lansverk v. Studebaker-Packard Corp., 338 P.2d 747 (Wash. 1959); vgl. Trautman, P. A., Forum non Conveniens in Washington — A Dead Issue?, 35 Wash.L.Rev. 88 (1960).

[83] Proposed Official Draft 1967.

[84] Gebilligt von der National Conference of Commissioners on Uniform State Laws 1962, Text mit Kommentierung in 11 Am.J.Comp.L. 417 (1962).

[85] Vgl. oben § 4 I 2.

turen. Die Weiträumigkeit der USA macht dabei einerseits um eines wirksamen Rechtsschutzes willen großzügiges Anbieten von Gerichtsständen erforderlich, sie steigert aber zugleich auch die Unzuträglichkeiten einer unpassenden Gerichtswahl. Das Nebeneinander verschiedener einzelstaatlicher Rechtsordnungen und -praktiken[86] in den USA macht das „forum shopping" zu einem besonderen Problem[87], für das forum non conveniens eine Lösungsmöglichkeit anbietet.

Aber nicht nur die Gefahr eines „inconvenient forum" ist in den USA besonders groß; durch die enge bundesstaatliche Verbindung der Einzelstaaten ist auch die Möglichkeit, ein in einem anderen Staat der USA gelegenes „convenient forum" anzurufen, häufiger gewährleistet als wenn das andere Gericht im Ausland aufgesucht werden müßte.

Die besonders umfangreiche forum non conveniens-Praxis in den USA rechtfertigt es, sich im folgenden auf das Recht dieses Landes zu konzentrieren[88].

§ 5: Das geschützte Rechtsgut

I. Allgemeine öffentliche Interessen

Blairs richtungweisender Aufsatz aus dem Jahre 1929[89] sah in der Lehre vom forum non conveniens ein Mittel im Kampf gegen die Überlastung der Gerichte in den Ballungszentren der USA.

---

[86] Im jury-System spielt die soziale Schichtung der Bevölkerung eine gewichtige Rolle für den Prozeßausgang. Von der jury einer Millionenstadt z. B. erhofft man höhere Schadensersatzsummen (higher verdicts) als von einer jury in ländlicher Gegend; vgl. Gulf Oil Corp. v. Gilbert, 330 U.S. 501 (1946).
[87] „Forum shopping" ist nicht Zuständigkeitserschleichung, nicht mißbräuchliches Schaffen von Zuständigkeiten, sondern das Ausnutzen bestehender Zuständigkeiten, um durch die Gerichtswahl Vorteile zu erlangen; vgl. Beispiele in § 4 I 3. Es wurde in Amerika zum Problem insbes. unter dem Federal Employers' Liability Act (FELA, 45 U.S.C. §§ 51 ff.), der die Haftung von Eisenbahnen bei Betriebsunfällen ihrer Angestellten regelt. Eine Klage ist erlaubt u. a. überall, wo die Gesellschaft „doing business" ist. Das führte zur Konzentration von FELA-Klagen in einigen Großstädten, wo man sich günstigere juries versprach. Werbetüchtige Anwaltsbüros in solchen Städten versuchten mit Erfolg, Prozesse an sich zu ziehen, deren Sachverhalt (Unfallort, Klägerwohnsitz, Zeugen) fernab in einem anderen Staat der USA konzentriert war. Zum Umfang dieser Praxis: Barrett, 35 Cal.L.Rev. 382 ff. (1947); Baggerman, 36 Mo.L.Rev. 110 n. 29; State ex rel. Great N.Ry. v. District Court, 365 P.2d 512/523 f. (Mt. 1961): "There is and has been in a mid-western state, a highly organized law firm, complete with 'bird dogs' or solicitors, fee-splitting contracts with laymen, ambulances fully equipped with sirens and red lights, who contact the injured railway employee or his next of kin, at times before a physician can see the claimant."
[88] Zur schottischen Lehre siehe Anton, S. 148 ff.; siehe insbes. Foster v. Foster's Trustees, 1923 S.C. 212; La Société du Gaz de Paris v. La Société Anonyme du Navigation „Les Armateurs Français", 1925 S.C. 332; 1926 S.C. (H.L.) 13; Argyllshire Weavers, Ltd. v. A. Macaulay (Tweeds) Ltd., 1962 S.C. 388; Balshaw v. Balshaw, 1967 S.C. 63.
[89] 29 Col.L.Rev. 1.

Auch das allgemeine Bürgerwohl wurde angeführt: Der einheimische Steuerzahler finanziere die Gerichte und habe deshalb einen Anspruch auf rasche Erledigung seiner Prozesse; der nonresident dagegen sei an der Finanzierung der Gerichte nicht beteiligt. Eine Verzögerung der lokalen Verfahren durch die Belastung der Gerichte mit Streitigkeiten zwischen nonresidents sei deshalb dem steuerzahlenden Bürger nicht zumutbar.

Nach dieser Auffassung rechtfertigen außerhalb des betroffenen Verfahrens liegende öffentliche Interessen die Abweisung eines Rechtsstreits wegen forum non conveniens. Sie entspricht der New Yorker Tradition[90] und wird auch heute noch verschiedentlich von den Gerichten des Staates New York betont[91].

Wohl die Begründung der Prozeßabweisung mit öffentlichen Interessen führte in der früheren Praxis der New Yorker Gerichte zu der Regel, daß nur tort-actions abgewiesen werden konnten; Vertragsklagen zwischen nonresidents dagegen wurden in jedem Fall sachlich entschieden, wenn jurisdiction gegeben war[92]. Vermutlich aus handelspolitischen Gründen erschien es sinnvoll, Vertragsstreitigkeiten unbeschränkt zuzulassen[93]. — Die starre Trennung von tort- und contract-actions im Rahmen der forum non conveniens-Problematik wurde 1952 mit der Entscheidung des Court of Appeal im Rechtsstreit Bata v. Bata[94] aufgegeben.

Der Supreme Court von Montana lehnte in State ex rel. Great N.Ry. v. District Court (1961)[95] die Abweisung eines Prozesses auf Grund von forum non conveniens ab, da die Arbeitsbelastung der Gerichte in Montana noch nicht dazu zwinge; falls aber die Zahl importierter Rechtsstreite anwachsen solle, werde die Lehre vom forum non conveniens auch in Montana angewandt werden.

Auf allgemeine öffentliche Interessen berief sich auch der Supreme Court von New Jersey in Semanishin v. Metropolitan Life Insurance Co. (1966)[96]. Der trial court hatte es abgelehnt, die Klage von vier Europäern gegen eine New Yorker Versicherung auf Auszahlung von vier

---

[90] Vgl. Anm. 57.
[91] Vaage v. Lewis, 288 N.Y.S.2d 521 (A.D. 1968); vgl. aber Bata v. Bata, 105 N.E.2d 623 (N.Y. 1952).
[92] Wertheim v. Clergue, 65 N.Y.Supp. 750 (A.D. 1900); vgl. McGough, 21 N.Y.Univ.Intr.L.Rev. 10 ff. (1965/66).
[93] Barrett, 35 Cal.L.Rev. 405; Yukins, 20 Stanf.L.Rev. 66.
[94] 105 N.E.2d 623 (1952); eine contract-Klage wurde erstmals abgewiesen wegen forum non conveniens in Catapodis v. Onassis, 151 N.Y.S.2d 39 (S.Ct. 1956). Vgl. § 7 II 1.
[95] 365 P.2d 512; vgl. Anderson v. Delaware, L. & W.R.Co., 11 A.2d 607 (N.J. Cir.Ct. 1940).
[96] 218 A.2d 401/403.

Lebensversicherungen abzuweisen. Die Versicherungen waren in New York abgeschlossen worden, die Versicherten hatten in New York gelebt und waren auch dort gestorben. Der Supreme Court sprach sich einstimmig für eine Prozeßabweisung nach forum non conveniens aus, weil „... it would be unfair to the citizens of New Jersey to burden our Courts with this imported litigation ... "

II. Verfahrensgerechtigkeit im Einzelfall

Die Abhängigkeit der forum non conveniens-Entscheidung von allgemeinen öffentlichen Interessen, insbesondere von der Arbeitsbelastung der Gerichte ist mitunter scharf kritisiert worden: "If caseload is to determine availability of the courts to injured persons, then justice has become a commodity dependent on the size of the court house and the number of personel therein[97] ... "

Die vorherrschende Auffassung in Praxis und Wissenschaft weist denn auch der Lehre vom forum non conveniens die Aufgabe zu, für ein gerechtes Verfahren im Einzelfall zu sorgen: Der Rechtsschutz für den Kläger verlange nach einer Vielzahl von Gerichtsständen, zwischen denen der Kläger wählen könne. Das bringe die Möglichkeit mit sich, daß der Kläger im Einzelfall ein Gericht wähle, das für den Beklagten besonders ungünstig sei, obwohl der Zuständigkeitskatalog ein die berechtigten Interessen beider Parteien befriedigendes Gericht anbiete. In diesem Fall solle forum non conveniens das richterliche Korrektiv sein, mit dem ein Minimum an Chancengleichheit im Prozeß gewahrt werden könne[98].

Diese „prozessuale" Auffassung der forum non conveniens-Lehre wird durch die Begriffe „abuse of process" und „vexation", „oppression" oder „harassment" einerseits, durch „trial convenience" und „ends of justice" andererseits gekennzeichnet.

Schutz des gerichtlichen Verfahrens vor Mißbrauch (abuse) wird besonders in England als Grund für die Abweisung genannt[99].

„Abuse of process" im Zusammenhang mit der forum non conveniens-Lehre heißt Mißbrauch des Verfahrens durch die Wahl des Gerichtsortes. Er liegt vor, wenn der Kläger den Gerichtsort gewählt hat, nicht um berechtigte eigene Interessen wahrzunehmen, sondern um dem Beklagten die Prozeßführung unnötig zu erschweren, um ihm „vexation", „oppression" oder „harassment" zu verursachen; Ziel des Klägers ist

---
[97] Musmanno, J., (diss.) in Rini v. New York Central Railroad Co., 240 A.2d 372/376 (Pa. 1968); vgl. Barrett, 35 Cal.L.Rev. 420.
[98] Barrett, 35 Cal.L.Rev. 380 f.
[99] Logan v. Bank of Scotland (1906) 1 K.B. 141/150; Egbert v. Short (1907) 2 Ch. 205 f., 210; vgl. Barrett, 35 Cal.L.Rev. 407; Braucher, 60 Harv.L.Rev. 931.

es dabei, auf jeden Fall ein ihm günstiges, wenn auch unrichtiges Urteil zu erreichen oder den Beklagten zu einem Vergleich zu zwingen, den er anderswo nicht eingehen würde[100]. Das Gericht kann den Prozeß abweisen, „to prevent the administration of justice being perverted to an unjust end"[101].

Rechtsmißbrauch setzt Mißbrauchsabsicht voraus. In den englischen Urteilen entscheidet sich deshalb „abuse of process" letztlich daran, ob der Prozeß „bona" oder „mala fide" begonnen wurde[102]. Kann der Kläger auch nur irgendein legitimes Interesse — „any legitimate advantage"[103] — am gewählten Gerichtsort gehabt haben, ist „abuse" nicht mehr nachzuweisen. Die Schwierigkeiten gleichen denen bei der Anwendung des Schikaneverbotes des § 226 BGB im deutschen Recht. Die Folge ist eine nur sehr beschränkte Anwendbarkeit der Lehre vom forum non conveniens[104].

In den USA hat man deshalb auf subjektive Voraussetzungen für forum non conveniens weitgehend verzichtet. Einige Gerichte haben forum non conveniens zwar abgelehnt, wenn positiv feststand, daß der Kläger bona fide geklagt hatte, weil ihm eine Klage vor einem anderen Gericht gar nicht möglich war[105]; andere Entscheidungen nennen auch vexation, oppression oder harassment zumindest als ein wichtiges Element der Doktrin[106]; vorherrschend aber ist die Ansicht, daß es bei forum non conveniens nicht um die Reaktion auf Böswilligkeit des Klägers gehe, sondern um die Sicherung eines allen Prozeßbeteiligten möglichst gerecht werdenden Prozeßortes unter Abwägung objektiver Bedingungen. "The ultimate inquiry is where trial will best serve the convenience of the parties and the ends of justice[107]." Die Abwägung

---

[100] "... obtaining something to which the plaintiff may not in justice be entitled." Egbert v. Short (1907) 2 Ch. 205/214.

[101] McHenry v. Lewis, 22 Ch.D. 397/408 (1882); Egbert v. Short (1907) 2 Ch. 205/213.

[102] Logan v. Bank of Scotland (1906) 1 K.B. 141; Egbert v. Short (1907) 2 Ch. 205/214; The Atlantic Star (1972) 3 W.L.R. 746, insbes. 757.

[103] In Re Norton's Settlement (1908) 1 Ch. 471/479; The Atlantic Star (1972) 3 W.L.R. 746/758.

[104] "Such requirement could effectiveley sterilize the doctrine": People v. Donovan, 195 N.E.2d 634/635 (Ill. 1964); vgl. Braucher, 60 Harv.L.Rev. 911; s. a. oben § 4 III 2, insbes. Anm. 49.

[105] Dietrich v. Texas National Petroleum Co., 193 A.2d 579 (Del.Super. 1963); Wilburn v. Wilburn, 192 A.2d 797 (D.C.App. 1963); vgl. dazu § 7 I 1 a.

[106] Starr v. Berry, 138 A.2d 44 (N.J. 1958); vgl. Barrett, 35 Cal.L.Rev. 422; Thomson, 16 Wayne L.Rev. 1162.

[107] Koster v. Lumbermens Mutual Cas. Co., 330 U.S. 518/527 (1946); vgl. Vargas v. A. H. Bull Steamship Co., 131 A.2d 39 (N.J.Super. 1957); Gonzales v. Atchinson Topeka and Santa Fe Ry. Co., 371 P.2d 193 (Kan. 1962); Gore v. United States Steel Corp., 104 A.2d 670 (N.J. 1954); Wangler v. Harvey, 196 A.2d 513 (N.J. 1963); People v. Donovan, 195 N.E.2d 634 (Ill. 1964).

objektiver Faktoren für und gegen dieses oder jenes Gericht wurde somit Kennzeichen der amerikanischen Praxis des forum non conveniens[108].

Mit dieser Auffassung hat sich in den USA durchgesetzt, was auch im Mutterland der Lehre als ihr Ziel gilt: "The object, under the words 'forum non conveniens' is to find that forum which is the more suitable for the ends of justice, and is preferable because pursuit of the litigation in that forum is more likely to secure those ends[109]."

III. Das Ineinandergreifen von allgemeinen öffentlichen Interessen und Verfahrensgerechtigkeit

Die Auffassungen von der forum non conveniens-Lehre als Hüterin von allgemeinen öffentlichen Interessen oder als Garant für ein Minimum an Verfahrensgerechtigkeit im Einzelfall stehen sich in der Praxis nicht als unvermittelte Gegensätze gegenüber.

1. Beide Auffassungen führen häufig zum selben Ergebnis. Bei einem Rechtsstreit, der keine wesentlichen Beziehungen zum Gerichtsstand aufweist, ist es oft nur eine Formulierungsfrage, ob er abgewiesen wird wegen unzumutbarer Belastung der Gerichte oder deshalb, weil er anderswo zweckmäßiger und gerechter durchgeführt werden könne.

2. Deshalb blieb auch dort, wo — wie in New York — das allgemeine öffentliche Interesse an einer Prozeßabweisung betont wurde, die Verfahrensgerechtigkeit nicht völlig unberücksichtigt. Wenn die New Yorker Gerichte Verfahren „between parties residing in another state for personal injuries received in that state"[110] abwiesen, dann entsprach das oft den Erfordernissen auch der Verfahrensgerechtigkeit. In Ausnahmefällen konnte der Vorbehalt helfen, daß ein Prozeß nicht abgewiesen wurde, wenn besondere Gründe ein Verfahren in New York „necessary or proper" erscheinen ließen. Unter diesen besonderen Gründen wurden z. T. Faktoren der Verfahrensgerechtigkeit berücksichtigt[111]. Ihre Bedeutung verstärkte sich mit der Entwicklung der allgemeinen forum non conveniens-Lehre in den USA. Durch die Entscheidung Bata v. Bata (1952)[112] schien die Anpassung der New Yorker Praxis an die allgemeine Doktrin vollzogen; doch hat sich dies in der Folgezeit nicht ganz bestätigt. Auch neuere New Yorker Entscheidungen zeichnen sich durch Betonung der öffentlichen Interessen (Belastung der Gerichte und Steuerzahler) aus[113].

---

[108] Vgl. § 8 III.
[109] Société de Gaz de Paris v. Société Anonyme de Navigation „Les Armateurs Français", 1926 S.C. (H.L.) 13/22.
[110] Ferguson v. Neilson, 11 N.Y.Supp. 524 (S.Ct. 1890).
[111] z. B. Murnan v. Wabash Ry. Co., 226 N.Y.Supp. 393 (A.D. 1928); Cohen v. Delaware, L. & W. Ry. Co., 269 N.Y.Supp. 667 (S.Ct. 1934).
[112] 105 N.E.2d (C.A. 1952).
[113] Williams v. Seaboard Air Line Railroad Co., 193 N.Y.S.2d 588 (A.D. 1959); Vaage v. Lewis, 288 N.Y.S.2d 521 (A.D. 1968); siehe aber auch Varkonyi v. S.A.

3. Auf der anderen Seite werden die öffentlichen Interessen auch von denen nicht ganz vernachlässigt, die die Lehre vom forum non conveniens in den Dienst der „trial convenience" und der „ends of justice" stellen. Im leading case Gulf Oil Corp. v. Gilbert hieß es: "Factors of public interest also have place in applying the doctrine[114]." — Seither werden in fast allen forum non conveniens-Entscheidungen „factors of public interest" mit angeführt, ohne jedoch erkennbar entscheidendes Gewicht zu erhalten[115].

§ 6: "Will the Court take jurisdiction?"

Die forum non conveniens-Doktrin erlangt im Prozeßablauf erst dann Bedeutung, wenn feststeht, daß das Gericht jurisdiction zur Entscheidung des Rechtsstreits besitzt. Erst wenn alle Zuständigkeitsvoraussetzungen vorliegen, beantwortet forum non conveniens die Frage: "Will the Court take jurisdiction[116]?"

I. Forum non conveniens und jurisdiction

Aus dieser Ortsbestimmung folgt: Forum non conveniens hat nichts zu tun mit der Frage, ob ein Gericht jurisdiction besitzt oder nicht; die Doktrin setzt vielmehr ordnungsgemäß begründete jurisdiction[117] voraus und regelt deren Ausübung (exercise).

Forum non conveniens-Gesichtspunkte werden jedoch in neuerer Zeit auch als Kriterien für das Vorliegen oder Nichtvorliegen von jurisdiction herangezogen. Das ist besonders häufig der Fall bei der Prüfung der „minimum contacts"[118], die zur Begründung der jurisdiction über nichtanwesende Personen, insbesondere über nonresident corporations erforderlich sind. Die Sprache von International Shoe[119]: erforderlich seien „... sufficient contacts or ties with the state of the forum to make it reasonable and just according to our traditional conception of fair play and substantial justice to permit the state to enforce the obliga-

---

Empresa de Viacao A.R.G., 292 N.Y.S.2d 670 (C.A. 1968); Hernandez v. Cali, Inc., 301 N.Y.S.2d 397 (A.D. 1969) und die forum non conveniens-Empfehlung der Judicial Conference 1971 (s. Anm. 79, Text im Anhang B III).
[114] 330 U.S. 501/508 (1946).
[115] z. B. Price v. Atchinson, T. & Santa Fe Ry. Co., 268 P.2d 457 (Cal. 1954); Mooney v. Denver & R.G.W.R. Co., 221 P.2d 628 (Utah 1950); Domingo v. States Marine Lines, 253 A.2d 78 (Del.Super. 1969); auch Parsons v. Chesapeake & Ohio Ry. Co., 375 U.S. 71 (1963); vgl. Barrett, 35 Cal.L.Rev. 409 gegen Bickel, 35 Cornell L.Q. 40.
[116] Ehrenzweig, Treatise, S. 119.
[117] Entgegen der Darstellung von Reu, S. 206 und Riezler, Internationales Zivilprozeßrecht, S. 337 hat forum non conveniens daher nichts zu tun mit der Zuständigkeitserschleichung. Arglistig geschaffene jurisdiction-Voraussetzungen werden i. d. R. nicht anerkannt, so daß keine jurisdiction besteht; vgl. Blandin v. Ostrander, 239 F. 700 (2d Cir. 1917); Ehrenzweig, Treatise, S. 110.
[118] Vgl. oben § 4 I 2 b).
[119] International Shoe Co. v. Washington, 326 U.S. 310 (1957).

tions..."[120] legte es nahe, bereits das Vorliegen der jurisdiction daran zu messen, ob der angestrengte Prozeß im gewählten Forum unter Berücksichtigung aller Umstände des Einzelfalls noch convenient durchgeführt werden könne oder nicht. Eine solche Abwägung — in teilweiser ausdrücklicher Übernahme der forum non conveniens-Grundsätze — findet sich denn auch in verschiedenen Urteilen[121].

Auch in anderen Bereichen wurden forum non conveniens-Grundsätze herangezogen, um über das Bestehen von jurisdiction zu entscheiden: Selig v. Selig (Pa.Super. 1970)[122] verlangt zur Prüfung der quasi in rem jurisdiction „a realistic and reasonable evaluation of the respective rights and interests of the parties and the state in terms of fairness".

Ehrenzweig befürwortet die Verbindung von forum non conveniens und jurisdiction als einen ersten Schritt auf dem Weg zu dem von ihm vertretenen jurisdiction-Konzept des „forum conveniens"[123].

Kritik an dieser Verbindung ist jedoch nicht ausgeblieben:

a) Während die Lehre vom forum non conveniens die conveniences aller Beteiligten abwäge, seien zur Begründung der jurisdiction durch „minimum contacts" nur die Kontakte des Beklagten zum Gerichtsort zu prüfen[124].

b) Während bei Fehlen von jurisdiction der Rechtsstreit endgültig und unbedingt abgewiesen werden müsse, biete die Lehre vom forum non conveniens mit „stay" und „conditional dismissal" flexiblere Möglichkeiten, um den Interessen aller Beteiligten gerecht zu werden[125].

II. Forum non conveniens auf Antrag oder von Amts wegen

Da es bei forum non conveniens nicht um das Vorliegen der jurisdiction geht — das von Amts wegen in jeder Phase des Verfahrens

---

[120] 326 U.S. 320.
[121] Insbesondere Judge Learned Hand in Kilpatrick v. Texas & P. Ry. Co., 166 F.2d 788/791 (2d Cir. 1948) und in Latimer v. S./A. Industrias Reunidas F. Matarazzo, 175 F.2d 184 (2d Cir. 1949), cert.den. 338 U.S. 867. Ferner: Henry R. Jahn & Son v. Superior Court, 323 P.2d 437 (Cal. 1958); Empire Steel Corporation of Texas v. Superior Court, 366 P.2d 502 (Cal. 1961); Buckeye Boiler Company v. Superior Court, 458 P.2d 57 (Cal. 1969); Byrd v. Norfolk and Western Ry. Co., 194 A.2d 651 (D.C.App. 1963); Fourth Northwestern National Bank v. Hilson Industries, 117 N.W. 2d 732 (Minn. 1962); Lau v. Chicago & North Western Ry. Co., 111 N.W.2d 158 (Wis. 1961).
[122] 268 A.2d 215/218.
[123] Priv.Int.Law, S. 108; ders., The Transient Rule of Personal Jurisdiction: the „Power" Myth and Forum Conveniens, 65 Yale L.J. 289/312 ff. (1955 - 56).
[124] Lau v. Chicago & North Western Ry. Co., 111 N.W.2d 158/165 (Wis. 1961) per Hallows, J., conc.; vgl. auch Rath Packing Co. v. Intercontinental Meat Traders, Inc., 181 N.W.2d 184 (Iowa 1970).
[125] Gorfinkel - Lavine, Long-Arm Jurisdiction in California under New Section 410.10 of the Code of Civil Procedure, 21 Hastings L.J. 1163/1198 ff. (1970); vgl. unten § 11.

geprüft werden muß — sondern nur um deren Ausübung, stellt sich die Frage, wie forum non conveniens in den Prozeß einzuführen ist. Prüft das Gericht von Amts wegen oder nur auf Antrag? Wohl vorherrschend ist die Praxis, daß der Beklagte, um dessen verfahrensrechtlichen Schutz es primär gehe, einen Antrag stellen muß[126]; auch das statute von Wisconsin verlangt Antragstellung[127]. Das entspricht der schottischen Tradition der „plea of forum non conveniens". Nach Wilburn v. Wilburn (D.C.App. 1963)[128] dagegen ist es „well recognized", daß ein Gericht forum non conveniens von sich aus berücksichtigen kann. Wo, wie in New York, öffentliche Belange am Anfang der Lehre standen, ist eine Prüfung von Amts wegen nur folgerichtig[129]. In der Praxis freilich geht sie auch in New York meist auf einen Antrag des Beklagten zurück[130].

Das forum non conveniens-statute von Kalifornien sieht alternativ Prüfung von Amts wegen oder auf Antrag vor[131].

Wann muß der Antrag gestellt werden? Das Wisconsin-statute verlangt ihn spätestens bei der Klageerwiderung[132]. In der allgemeinen Rechtspraxis ist man z. T. großzügiger und läßt den Antrag auf dismissal bis zum Beginn oder gar bis zum Schluß des trial zu[133]. Der Zeitablauf wird dann bei der Entscheidung des Gerichts mit berücksichtigt. Das führt dazu, daß solch späte Anträge doch abgewiesen werden[134].

III. Die Anerkennung des Urteils eines forum non conveniens

Für die Anerkennung des Urteils eines anderen Landes oder Einzelstaates der USA ist Voraussetzung, daß im Urteilsstaat jurisdiction bestand[135]. Da diese durch forum non conveniens nicht berührt ist, kann auch das Urteil eines non convenient forum anerkannt werden. Zwischen

---

[126] Dazu Flaiz v. Moore, 359 S.W.2d 872 (Tex. 1962).
[127] W.S.A. 262.19 (1): „on motion of any party" (Text im Anhang B II).
[128] 192 A.2d 797/800.
[129] Jewett v. Gardner, 73 N.Y.S.2d 782 (S.Ct. 1947); Salomon v. Union Pac. R. Co., 94 N.Y.S.2d 429 (City Ct. 1949); Vaage v. Lewis, 288 N.Y.S.2d 521 (A.D. 1968).
[130] z. B. Williams v. Seaboard Air Line Railroad Co. 193 N.Y.S.2d 588 (A.D. 1959); Varkonyi v. S.A. Empresa de Viacao A.R.G., 292 N.Y.S.2d 670 (C.A. 1968); Hernandez v. Cali, Inc., 301 N.Y.S.2d 397 (A.D. 1969).
[131] Code of Civil Procedure § 410.30 (Text im Anhang B I 1).
[132] W.S.A. 262.19 (2) (Text im Anhang B II).
[133] Dazu Flaiz v. Moore, 359 S.W.2d 872 (Tex. 1962).
[134] Vgl. Barrett, 35 Cal.L.Rev. 418; Braucher, 60 Harv.L.Rev. 938 f.; s. u. § 8 III 7.
[135] Ehrenzweig, Treatise, § 57; zur Urteilsanerkennung allgemein vgl. v. Mehren - Trautman, Recognition of Foreign Adjudications: A Survey and a Suggested Approach, 81 Harv.L.Rev. 1601 (1968); Peterson, Die Anerkennung ausländischer Urteile im amerikanischen Recht (1964).

den Einzelstaaten der USA wäre die Anerkennung Pflicht im Rahmen der Full Faith and Credit Clause[136]. Gegenüber dem Ausland dagegen können über die jurisdiction hinaus weitere jurisdiction-ähnliche Bedingungen aufgestellt werden: etwa, Anerkennung nur, wenn das Ausland kein forum non conveniens war. Ohne das Problem weiter zu vertiefen, sei darauf hingewiesen, daß diese Möglichkeit im amerikanischen Uniform Foreign Money-Judgments Recognition Act[137] verwirklicht wurde. In section 4 (b) heißt es: "A foreign judgment need not be recognized if ... (6) in the case of jurisdiction based only on personal service, the foreign court was a serious inconvenient one for the trial of the action.".

§ 7: Forum non conveniens als Auswahl zwischen verschiedenen Gerichten

„In all cases in which the doctrine of forum non conveniens comes into play, it presupposes at least two forums in which the defendant is amenable to process; the doctrine furnishes criteria for the choice between them[138]."

Die Bezeichnung forum non conveniens ist insofern ungenau, als danach die Lehre einseitig darauf abzustellen scheint, ob das angerufene Gericht „non conveniens", inappropriate, unpassend ist. Das ist unzutreffend, da unvollständig: Forum non conveniens heißt gerichtliche Auswahl unter verschiedenen Gerichtsständen. Es ist nicht genügend, festzustellen, daß das angerufene Gericht ein „inconvenient forum" ist; es muß zugleich ein anderes Gericht als „convenient, appropriate forum" nachgewiesen werden.

I. Das andere Gericht

1. Die Durchführbarkeit des Verfahrens vor dem anderen Gericht

Von einem anderen forum kann nur dann gesprochen werden, wenn dort das Verfahren auch durchgeführt werden kann. Dafür ist Voraussetzung:

a) Das andere forum muß jurisdiction zur Entscheidung des Rechtsstreits haben,

b) am anderen Gerichtsort darf einer erfolgreichen Klage keine Verjährungsfrist entstehen.

a) Hinsichtlich der jurisdiction des anderen Gerichts ist zweierlei strittig:

---

[136] Vgl. Restatement of the Law Second — Conflict of Laws, § 84 Anm. g).
[137] Text in 11 Am.J.Comp.L. 412 (1962).
[138] Gulf Oil Corp. v. Gilbert, 330 U.S. 501/506 f. (1946).

aa) Ist die freiwillige Unterwerfung des Beklagten (submission) eine hinreichend sichere Grundlage für die jurisdiction des anderen Gerichts?

Der Supreme Court von Minnesota hat dies in Hill v. Upper Mississippi Towing Corporation (1958)[139] abgelehnt: "Forum non conveniens presupposes at least two forums in which the defendant is amenable to involuntary process..." Die herrschende Praxis dagegen sieht die freiwillige Unterwerfung als ausreichend an[140]. Das forum non conveniens-statute von Wisconsin besagt ausdrücklich, daß die — in Wisconsin allein zulässige — Aussetzung des Verfahrens auch dann angeordnet werden kann, wenn „... the action could not have been commenced in the alternative forum without consent of the moving party"[141].

bb) Muß die jurisdiction des anderen forums schon bei Beginn des anhängigen Verfahrens bestanden haben oder genügt es, daß sie erst nachträglich begründet wurde?

Auch in dieser Frage vertritt der Supreme Court von Minnesota in der genannten Entscheidung die engere Auffassung, dem Kläger könne nicht ein Gericht verwehrt werden, das ihm bei Klageerhebung als einziges zur Verfügung gestanden habe. Dies ist auch die Rechtsprechung der Gerichte von Delaware[142]. Die Auffassung steht ersichtlich in der Tradition derjenigen Lehre, die in forum non conveniens die Antwort auf unfaires (vexatious and oppressive) Prozeßverhalten des Klägers sieht. Böswilligkeit kann dem Kläger natürlich nicht vorgeworfen werden, wenn ihm bei Klageerhebung das „more convenient forum" gar nicht zur Verfügung stand[143].

Sieht man dagegen in forum non conveniens lediglich ein Mittel, um das Verfahren an einen objektiv geeigneten Ort zu bringen, dann wird man es genügen lassen, daß dem Kläger zur Zeit der forum non conveniens-Entscheidung die Klage am anderen Ort möglich ist oder daß sie ihm im Zusammenhang mit dieser Entscheidung möglich wird (etwa durch Unterwerfung des Beklagten). In diesem Sinne wurde in New Jersey der Rechtsstreit Vargas v. A. H. Bull Steamship Co. (1957) wegen forum non conveniens abgewiesen[144]. Wieweit die Klage am

---

[139] 89 N.W.2d 654; vgl. dazu: Note, Requirement of a Second Forum for Application of Forum non Conveniens, 43 Minn.L.Rev. 1199 (1958 - 59).
[140] Vargas v. A. H. Bull Steamship Co., 131 A.2d 39 (N.J.Super. 1957); 135 A.2d 857 (N.J. 1957); Ivy v. Stoddard, 147 N.Y.S.2d 469 (S.Ct. 1955); „Submission" ist regelmäßige Bedingung bei den „conditional dismissals", vgl. § 11.
[141] W.S.A. 262.19 (1) a. E. (Text im Anhang B II).
[142] Dietrich v. Texas National Petroleum Co., 193 A.2d 579 (Del.Super. 1963); Domingo v. States Marine Lines, 253 A.2d 78 (Del.Super. 1969), aff'd 269 A.2d 223 (Del. 1970).
[143] Vgl. oben § 5 II.
[144] 131 A.2d 39 (N.J.Super. 1957); 135 A.2d 857 (N.J. 1957); ebenso Ivy v. Stoddard, 147 N.Y.S.2d (S.Ct. 1955).

unpassenden Ort dem Kläger vorwerfbar ist, ist dann eine Frage der Kostentragung[145].

Daß jurisdiction-Begründung durch freiwillige Unterwerfung des Beklagten zur Zeit der forum non conveniens-Entscheidung ausreicht, ist ein Ausgangspunkt für die Praxis des „conditional dismissal"[146].

b) Das Problem der Verjährung

Am anderen Gericht darf der Klage keine Verjährungsfrist (limitation) entgegenstehen[147]. Dabei kommt es nicht allein auf den Zeitpunkt der forum non conveniens-Entscheidung an; dem Kläger muß auch genügend Zeit zur Verfügung stehen, um eine neue Klage vorbereiten zu können[148].

Die Verjährung hat an Bedeutung verloren in den Staaten, die eine bedingte Prozeßabweisung kennen. Wenn die Verjährungsfrist im anderen Gericht schon abgelaufen ist, kann gleichwohl abgewiesen werden mit der Bedingung, daß der Beklagte sich nicht auf die Verjährung beruft[149].

2. Die Erreichbarkeit des anderen Gerichts

Für die Anwendung von forum non conveniens genügt es nicht, daß irgendwo ein theoretisch geeignetes forum existiert; es muß dem Kläger auch erreichbar sein. Die Erreichbarkeit wird undogmatisch ganz nach praktischen Gesichtspunkten geprüft. Ausgangspunkt der Beurteilung ist, daß die Parteien nach Möglichkeit persönlich an ihrem Prozeß sollen teilnehmen können[150].

Ob das möglich ist, entscheidet sich zunächst an der Entfernung des Gerichts vom normalen Aufenthaltsort der Parteien. Nur ungern verweist man deshalb einen Kläger von der Ostküste an ein Gericht im Westen der USA[151].

---

[145] i. d. R. trägt in den USA jede Partei unabhängig vom Prozeßausgang ihre eigenen Kosten. Nach dem forum non conveniens-statute von Wisconsin können dem Kläger, der im inconvenient forum geklagt hat, die Kosten des Beklagten auferlegt werden: W.S.A. 262.20 (2) — Text im Anhang B II.
[146] Vgl. § 11 II.
[147] Anderson v. Delaware L. & W. R. Co., 11 A.2d 607 (N.J.Cir. 1940).
[148] Neun Monate werden für ausreichend gehalten für eine neue Klage in New Orleans in Hamilton v. Luckenbach S.S. Co., Inc., 114 N.Y.S.2d 490 (City Ct. 1952).
[149] Vgl. § 11 II.
[150] Dabei ist zu berücksichtigen, daß das amerikanische (und englische) Recht auch im Zivilprozeß die einheitliche Hauptverhandlung (trial) kennt, in der die Vernehmung der Parteien eine wichtige Rolle spielt.
[151] Zucker v. Raymond Laboratories, Inc., 74 N.Y.S.2d 7 (S.Ct. 1947); Salomon v. Union Pac. R. Co., 94 N.Y.S.2d 429 (City Ct. 1949); McHugh v. Paley, 314 N.Y.S.2d 208/213 (S.Ct. 1970).

§ 7: Forum non conveniens als Zuständigkeitsauswahl

Die Erreichbarkeit eines entfernten Gerichts hängt wesentlich von der finanziellen Situation der Beteiligten ab[152]; diese kann aber dadurch ausgeglichen werden, daß der Beklagte, der eine forum non conveniens-Abweisung beantragt, dem mittellosen Kläger die Kosten für eine Fahrt zum convenient forum ersetzt[153].

Auch die soziale und persönliche Beweglichkeit wird in diesem Zusammenhang berücksichtigt. Einem ungebildeten Neger sei ein entferntes Gericht schwerer zugänglich als einem Wirtschaftsunternehmen[154]; einer alten oder kranken Partei könne unerreichbar sein, was normalerweise vielleicht noch zugänglich wäre[155].

Schließlich können ungünstige politische Verhältnisse ein theoretisch geeignetes Gericht unerreichbar machen. Deshalb war ein nigerianisches Gericht im Jahre 1968 für einen Biafraner nicht zugänglich, die Erreichbarkeit eines englischen Gerichts angesichts der britischen Einwanderungspolitik nicht gewährleistet: Aus diesem Grunde wurde der Rechtsstreit zwischen einem Nigerianer (Kl.) und einer englischen Reederei (Bekl.) vom forum non conveniens in New York nicht abgewiesen, obwohl Nigeria und England als appropriate fora festgestellt worden waren (Der Kläger hatte auf dem englischen Schiff in Lagos/Nigeria angeheuert; der Unfall, für den er Ersatz forderte, hatte sich in Hull/England ereignet)[156].

3. Konsuln als anderes Gericht

Das andere forum ist in aller Regel ein Gericht im formellen Sinn. In admiralty-Sachen allerdings wurde die Ausübung der jurisdiction auch abgelehnt, wenn der ausländische Kläger über seinen Konsul — sei es durch seinen eigenen oder denjenigen der Nationalität des Schiffes — Rechtsschutz erhalten konnte[157]. Da die Konsuln im Gerichtsland

---

[152] Murnan v. Wabash Ry. Co., 226 N.Y.Supp. 393 (A.D. 1928); Carey v. Southern Peru Copper Corp., 287 N.Y.S.2d 599/601 (A.D. 1968) diss.; McHugh v. Paley, 314 N.Y.S.2d 208/213 (S.Ct. 1970), Smith v. Globe Indemnity Co., 243 So.2d 882/891 (La.App. 1971).
[153] Das kommt insbes. dann vor, wenn in den USA abgemusterte mittellose Seeleute ihren ehemaligen Arbeitgeber verklagen; eine Prozeßabweisung zugunsten eines convenient forum — etwa im gemeinsamen Heimatstaat der Beteiligten — kann davon abhängig gemacht werden, daß dem Kläger freier Rücktransport in die Heimat gewährt wird. Vgl. Bickel, 35 Cornell L.Q. 26 f., 30; Yukins, 20 Stanf.L.Rev. 62 mit Nachweisen.
[154] Smith v. Globe Indemnity Co., 243 So.2d 882/891 (La.App. 1971).
[155] Siehe die plastische Schilderung in The City of Carlisle, 39 Fed. 807/815 (D. Or. 1889); vgl. McHugh v. Paley, 314 N.Y.S.2d 208/213 (S.Ct. 1970).
[156] Odita v. Elder Dempster Lines, Ltd., 286 F.Supp. 547 (S.D. N.Y. 1968); vgl. The Harfry, 39 F.Supp. 893 (D. N.J. 1941); Oppenheimer v Rosenthal (1937) 1 All.E.R. 23 (C.A. 1936).
[157] The Estrella, 102 F.2d 736 (3d Cir. 1938); The Lynghaug, 42 F.Supp. 713 (E.D. Pa. 1941); einschränkend Monteiro v. Sociedad Maritima San Nicolas, S.A., 280 F.2d 568 (2d Cir. 1960).

selbst tätig sind, kann der Kläger sich ohne besondere Schwierigkeiten an sie wenden; sie bieten sich deshalb besonders als anderweitiges forum an[158].

II. Konsequenzen für den Anwendungsbereich der forum non conveniens-Lehre

Die Notwendigkeit eines anderen erreichbaren forum ist die einzige generelle Schranke für die Anwendbarkeit der Lehre vom forum non conveniens. Sie ist unanwendbar, wenn nach der lex fori die Gerichte keines anderen Staates zur Entscheidung des Rechtsstreites befugt sein sollen, wenn also nach der lex fori international ausschließliche Zuständigkeit der eigenen Gerichte besteht.

1. personal jurisdiction

Im Bereich der personal actions ist forum non conveniens unbeschränkt anwendbar — es sei denn, besondere gesetzliche Vorschriften schließen sie für bestimmte Fälle ausdrücklich aus[159].

Das Hauptanwendungsgebiet von forum non conveniens-Abweisungen sind tort-actions; bei Klagen aus Verträgen ist teilweise größere Zurückhaltung der Gerichte gegenüber Abweisungs-Anträgen festzustellen[160]; doch ist die Anwendbarkeit im Grundsatz überall anerkannt[161].

In neuerer Zeit scheinen forum non conveniens-Abweisungen in Prozessen um „matrimonial rights" häufiger zu werden[162].

2. in rem jurisdiction

Im Bereich der in rem jurisdiction dagegen sind der Anwendung der forum non conveniens-Lehre Grenzen gesetzt:

---

[158] Bickel, 35 Cornell L.Q. 28 f.; Yukins, 20 Stanf.L.Rev. 62.
[159] Zu Einschränkungen durch das materielle Recht vgl. § 8 III 5 a). Der Streit, ob bereits das Vorliegen besonderer Zuständigkeitsregeln für bestimmte Rechtsstreite eine Prozeßabweisung ausschließt, darf als zugunsten von forum non conveniens entschieden gelten. Er wurde ausgetragen im Rahmen des Federal Employers' Liability Act (45 U.S.C. §§ 51 ff.); vgl. Baltimore & Ohio Railroad Co. v. Kepner, 314 U.S. 44 (1941), insbes. auch Frankfurter, J., diss.; State of Missouri v. Mayfield, 340 U.S. 1 (1950); Price v. Atchinson, T. & S. F. Ry. Co., 268 P.2d 457 (Cal. 1954); State of Missouri v. Riederer, 454 S.W.2d 36 (Mo. 1970); FELA-Prozesse sind heute ein Hauptanwendungsgebiet für forum non conveniens. Siehe aber auch Central of Georgia Railway Company v. Phillips, 240 So.2d 118 (Ala. 1970); Bickel, 35 Cornell L.Q. 19 f., insbes. 24.
[160] Amercoat Corporations v. Reagent Chemical & Research, Inc., 261 A.2d 380 (N.J.Super. 1970); vgl. Braucher, 60 Harv.L.Rev. 917.
[161] Zum New Yorker Recht s. o. § 5 I; im übrigen siehe Annotation: Doctrine of Forum non Conveniens: Assumption or Denial of Jurisdiction of Contract Action Involving Foreign Elements, 90 A.L.R.2d 1109.
[162] Annotation: Doctrine of Forum non Conveniens: Assumption or Denial of Jurisdiction of Action Involving Matrimonial Disputes, 9 A.L.R.3d 545 („a matrimonial dispute is any cause of action involving the conjugal rights of a husband and wife as such, including seperate maintenance and alimony").

a) Wenn die Lage der res eindeutig auf ein einziges Land fixierbar ist, fehlt es an einem zweiten möglichen forum — und dieses kann auch nicht durch submission geschaffen werden. Das ist etwa der Fall bei in rem actions, die sich auf „tangibles" mit eindeutiger Lage beziehen[163].

Eine Ausnahme bilden hier nur diejenigen Klagen, die zwar formell gegen eine Sache gerichtet sind, wirtschaftlich aber lediglich einen Geldanspruch zum Gegenstand haben: In admiralty-cases z. B. dient das verklagte Schiff nur als dingliche Sicherheit für den behaupteten Ersatzanspruch in Geld. In solchen Fällen ist es möglich, die dingliche (in rem) Sicherheit des Schiffes etwa durch Hinterlegung einer entsprechenden Geldsumme gegen Freilassung des Schiffes zu ersetzen[164]. Die Hinterlegung kann auch an einem anderen Ort erfolgen; auf diese Weise kann ein anderes forum geschaffen werden, das die Anwendung von forum non conveniens ermöglicht[165].

b) Aber auch bei in rem proceedings sind mehrere Gerichtsstände nebeneinander möglich. Das kann z. B. der Fall sein bei familienrechtlichen Streitigkeiten — wenn etwa für ein Scheidungsverfahren die Gerichte am gemeinsamen „marital domicile" der Eheleute und am neuen domicile des Ehemannes allein jurisdiction haben[166]. Theoretisch ermöglicht das eine forum non conveniens-Entscheidung; doch wird sie auch hier nicht praktisch werden, weil die in rem-Anknüpfung des domicile traditionell als so stark angesehen wird, daß ein Gericht mit in rem jurisdiction sich kaum als inappropriate forum beurteilen wird[167].

Mit wachsender Kritik an der in rem jurisdiction am Ort des technischen domiciles und der angeregten Hinwendung zur in personam jurisdiction in familienrechtlichen Streitigkeiten wird die forum non conveniens-Doktrin ihren Einzug auch auf diesem Rechtsgebiet halten[168]. Am deutlichsten ist der Wandel in der „custody"-Rechtsprechung zu spüren. Der Supreme Court von Massachusetts z. B. hielt in Green v. Green (1966)[169] — einem Streit um das Sorgerecht (custody) — personal

---

[163] Siehe aber Cole v. Lee, 435 S.W.2d 283 (Tex.App. 1968).
[164] z. B. In Re Unterweser Reederei GmbH, 428 F.2d 888/889, n. 3 (5th Cir. 1970).
[165] Canada Malting Co., Ltd. v. Paterson Steamships, Ltd., 285 U.S. 413/424 (1932); Bickel, 35 Cornell L.Q. 32; Comment: Change of Venue, In Rem Actions, 27 Univ.Chic.L.Rev. 399 ff. (1959 - 60).
[166] Vgl. Williams v. North Carolina, 317 U.S. 287 (1942) und 325 U.S. 226 (1945).
[167] Eine andere Möglichkeit bietet die undogmatische Auslegung des Begriffs „domicile", wie es Stumberg, Conflict of Laws, S. 338 f. für die jurisdiction zur Begründung von Adoptionen vorschlägt, um so den Ort zu finden, wo wirklich angemessen über das Kindeswohl geurteilt werden kann. Forum non conveniens-Abweisungen sind in diesem Rechtsbereich — soweit ersichtlich — noch nicht vorgekommen, vgl. auch Ehrenzweig - Louisell, § 12.
[168] Ehrenzweig, Treatise, § 142 a.
[169] 221 N.E.2d 857/860.

jurisdiction über die Eltern für ausreichend; er betonte aber gleichzeitig, daß kein Zwang zur Ausübung dieser jurisdiction bestehe: "In determining whether to depart from the usual grounds for exercise of the jurisdiction, i. e., domicile or residence of the children, the paramount considerations are the welfare of the children and whether their interests will be effectively represented. The following considerations may also be important: 1. access of the relevant evidence; 2. convenience of the forum; 3. the circumstances upon which the children's present domicile and residence are based; and 4. whether continuing supervision by a court of another jurisdiction is desirable."

3. quasi in rem jurisdiction

Bei der quasi in rem jurisdiction kann die durch die Beschlagnahme des Vollstreckungsgegenstandes erreichte Sicherheit zugunsten des Klägers auch an einem anderen Ort — etwa durch Hinterlegung — erreicht werden. Häufig ist aber auch der Vermögensgegenstand selbst bereits an verschiedenen Orten für den Kläger greifbar: Forderungen gelten als überall dort belegen, wo der Verpflichtete sich aufhält oder „doing business" ist; wenn dann der Begriff Forderung (bzw. der entsprechende Begriff „obligation" oder „debt") weit ausgelegt wird, kann das zu einer Vielzahl kontaktarmer jurisdictions quasi in rem führen; die forum non conveniens-Lehre muß dann in krassen Fällen für den Ausgleich sorgen.

Beispielhaft dafür ist die jüngere Entwicklung der quasi in rem jurisdiction in New York: Im leading case Seider v. Roth (C.A. 1966)[170] war das Ehepaar Seider aus New York bei einem Verkehrsunfall in Vermont verletzt worden. Es behauptete in der Klage, schuld am Unfall sei der Fahrer eines anderen Wagens mit Namen Lemiux. Lemiux wohnte in Quebec; er war haftpflichtversichert in Kanada durch eine Gesellschaft aus Connecticut, die auch in New York „doing business" war. Der New Yorker Court of Appeals bejahte jurisdiction für die Klage gegen Lemiux: Die Verpflichtung der Versicherung, Lemiux gegen Ansprüche aus einem Unfall gerichtlich zu vertreten und gegenenfalls zu entschädigen, wurde als „debt", ausreichend zur Begründung von quasi in rem jurisdiction, angesehen; die Verpflichtung sei auch in New York belegen, da die Versicherung in New York „doing business" sei. Nach dieser Entscheidung war quasi in rem jurisdiction gegen den Versicherten überall dort möglich, wo die Versicherung geschäftlich tätig war. Was das in einer Wirtschaftsmetropole wie New York bedeutet, liegt auf der Hand. In der Entscheidung Vaage v. Lewis (A.D. 1968)[171]

---
[170] 269 N.Y.S.2d 99; vgl. Simpson v. Loehmann, 287 N.Y.S.2d 633 (C.A. 1967).
[171] 288 N.Y.S.2d 521; vgl. Stein, Jurisdiction by Attachment of Liability Insurance, 43 N.Y.Univ.L.Rev. 1075 (1968); auf die Ausdehnung der jurisdiction

folgte dann die zu erwartende forum non conveniens-Einschränkung: Prozeßabweisung für den Fall, daß der Rechtsstreit außer der Verpflichtung der Versicherung keinen weiteren Kontakt zu New York hat.

§ 8: Inconvenient und convenient forum

I. Die Suche nach einem besseren Gericht

Das Vorhandensein eines anderen erreichbaren Gerichtsstandes allein genügt noch nicht zur Klageabweisung nach forum non conveniens. Mag auch das angerufene Gericht noch so inappropriate sein, notwendig ist, daß das andere Gericht im Gegensatz zum forum non conveniens ein convenient, appropriate — ein besseres forum ist.

Am 27. November 1962 verunglückte eine Boeing 707 der brasilianischen Gesellschaft VARIG auf dem Flug von Rio de Janeiro nach Los Angeles bei einer Zwischenlandung in Lima. U. a. verunglückten tödlich der Ungar Varkonyi, wohnhaft in Brasilien, der Engländer Faulkner und der Mexikaner Alvarez. Angehörige, wohnhaft in Ungarn, England und Florida, verklagten vor New Yorker Gerichten die Boeing Company, eine Gesellschaft aus dem Bundesstaat Delaware, und die brasilianische S.A. VARIG auf Schadensersatz. Da beide Gesellschaften in New York geschäftlich tätig waren (doing business), hatten die Gerichte in New York „jurisdiction over the parties", die Beklagten beantragten aber Prozeßabweisung wegen forum non conveniens. Der Court of Appeal[172] hob die Entscheidung des Supreme Court, der forum non conveniens bejaht hatte, auf: Das Gericht habe nicht beachtet, daß bei forum non conveniens ein anderes appropriate forum zur Verfügung stehen müsse; zwar gebe es verschiedene Länder, in denen die Kläger klagen könnten, doch sei kein Ort besser geeignet als New York, da nur hier beide Gesellschaften zusammen verklagt werden könnten. Die internationale Verflechtung des Sachverhaltes führe dazu, daß keines der betroffenen Länder (bzw. Einzelstaaten der USA) ein appropriate forum darstelle: „the inconvenience is not local, but inherent in the situation out of which the lawsuit arises"[173].

Man kann derartige Sachverhalte als Fälle „absoluter Internationalität" bezeichnen. Sie sind auf die verschiedenen Länder derartig verteilt, daß eine vorrangige Beziehung zu einem bestimmten Staat nicht feststellbar ist — die Internationalität ist „absolut"[174]. Ihnen stehen

---

durch Seider und Simpson berief sich die Judicial Conference in ihrem forum non conveniens-Vorschlag (Text im Anhang B III).

[172] Varkonyi v. S.A. Empresa de Viacao A.R.G., 392 N.Y.S.2d 670 (C.A. 1968).
[173] 292 N.Y.S.2d 679, Keating, J., conc. and diss.
[174] z. B. Bata v. Bata, 105 N.E.2d 623/626 (N.Y. 1952); St. Louis - San Francisco Ry. Co. v. Superior Court, 290 P.2d 118 (Okl. 1955); Levin v. Mississippi River Corp., 289 F.Supp. 353 (S.D. N.Y. 1968); vgl. Cotton v. Louisville and Nashville

Fälle beschränkter Internationalität gegenüber: Sie sind ebenfalls mit verschiedenen Ländern verknüpft, doch gibt es ein Land oder auch mehrere Länder, zu denen eine besondere Konzentrierung von Berührungspunkten besteht.

Fälle „extrem beschränkter Internationalität" sind der Anwendungsbereich der forum non conveniens-Lehre. In einem „Schwerpunktsland" kann ein appropriate forum vermutet werden, während ein nur „einfach" berührtes Land häufig ein inappropriate forum darstellt.

Die Prüfung, ob das eigene Gericht ein forum non conveniens im Vergleich zu einem anderen convenient forum ist, erfolgt durch Abwägung aller Umstände des Einzelfalls. Der Sachverhalt wird dazu in eine Vielzahl von „factors" zerlegt.

II. Faktoren und Anknüpfungen

„Der Wohnsitz des Klägers ... ist als Gerichtsstand international unbeachtlich"; diese Aussage von Siemssen[175] wird in Deutschland kaum auf Widerstand stoßen. Die Ausnahmen sind bekannt: z. B. §§ 23a und 606 Abs. 2 ZPO (gewöhnlicher Aufenthalt). — „Unbeachtlich" aber ist der Wohnsitz in den anderen Fällen, weil er allein nicht genügend zur Anknüpfung der internationalen Zuständigkeit ist.

Auch in den USA begründet der Klägerwohnsitz keine internationale Zuständigkeit[176]. — Trotzdem würde dort der Satz von der Unbeachtlichkeit erheblichen Widerspruch erfahren. „Residence" des Klägers ist nämlich einer der wichtigsten Faktoren im Rahmen der forum non conveniens-doctrine.

Das Beispiel zeigt den Unterschied: Während im deutschen Recht unbeachtlich wird, was nicht zur festen Anknüpfung — und sei sie auch subsidiär — taugt, erhalten im amerikanischen Recht die isoliert nicht ausreichenden Anknüpfungen als Faktoren der forum non conveniens-doctrine neues Gewicht. Das Merkmal vieler dieser Faktoren ist gerade, daß sie allein zur Anknüpfung nicht genügen. Ihre Stärke im einzelnen sowie ihre Zusammensetzung mit anderen werden dennoch in jeder forum non conveniens-Entscheidung neu geprüft. Auf diese Weise werden die Gefahren der „Interessenisolierung" und der „Reduktion auf ja oder nein" vermieden[177].

Railroad Co., 152 N.E.2d 385 (Ill. 1958) mit McKinney v. Houghland Towing Comp., 248 N.E.2d 322 (Ill.App. 1969).
[175] Anknüpfungen, S. 109.
[176] Vorschriften wie die venue-Regel 28 U.S.C. § 1391, wonach eine Klage vor dem Federal District Court in dem district erhoben werden kann, in dem „all ... plaintiffs ... reside", widersprechen dieser Feststellung nicht. Denn neben venue (örtliche Zuständigkeit) ist jurisdiction erforderlich und diese wird durch den Klägerwohnsitz nicht begründet.
[177] Vgl. § 3 II.

Wie abgestuft und anpassungsfähig die Beurteilung im Einzelfall sein kann, wird sich bei der Besprechung einzelner Faktoren zeigen.

III. Die wichtigsten Faktoren

Da die „factors" von forum non conveniens nur in ihrer Zusammensetzung ihr endgültiges Gewicht erhalten, ist eine isolierte Darstellung nur sehr beschränkt möglich; doch ist sie zur Einsicht in die Lehre notwendig. Das Unmögliche sei deshalb mit Vorbehalt — und unter Beschränkung auf die wichtigsten Faktoren — versucht[178].

Von Bedeutung sind insbesondere:

1. Die Staatsangehörigkeit der Parteien
2. Der Wohnort (residence) der Parteien
3. Die Lage des Handlungsortes
4. Die Lage der Beweismittel
5. Das anwendbare Recht
6. Die Vollstreckungsmöglichkeiten
7. Der Zeitablauf
8. Möglichkeiten, unnötige Prozesse zu ersparen
9. Zuständigkeitsvereinbarungen

1. Staatsangehörigkeit der Parteien (citizenship)

Eine Unterscheidung zwischen den „citizens" der amerikanischen Einzelstaaten ist auf Grund der Privileges and Immunities Clause der US-Constitution art. 4 § 2 cl. 1[179] unzulässig. Das gilt auch für die Ausübung der jurisdiction: Die Staatsangehörigkeit eines bestimmten Einzelstaates kann deshalb kein Faktor im Rahmen der Lehre vom forum non conveniens sein.

Dagegen spielt die Unterscheidung zwischen US-Staatsbürgern und Angehörigen eines ausländischen Staates eine gewichtige Rolle.

Der US-Supreme Court ließ es zwar in Swift & Co. v. Compania Columbiana (1950)[180] ausdrücklich offen, ob sich in Ausnahmefällen ein amerikanisches Gericht für die Klage eines US-Staatsbürgers als forum non conveniens ansehen könne; jedenfalls aber sei die Staatsangehörigkeit von besonderem Gewicht: "Application of forum non conveniens principles to a suit by a United States citizen against a foreign respon-

---

[178] Für einen Überblick über die möglichen Fragestellungen, unter denen ein Gericht einen Fall prüfen kann, ist im Anhang C der Faktorenkatalog des kalifornischen Court of Appeal in Great Northern Railway Company v. Superior Court, 12 Cal.App.3d 105, 90 Cal.Rptr. 461 (1970) wiedergegeben.
[179] "The Citizens of each State shall be entitled to all Privileges and Immunities of citizens in the several States."
[180] 339 U.S. 684.

dent brings into force considerations very different from those in suits between foreigners[181]."

Entsprechend betonen die amerikanischen Gerichte häufig, daß die amerikanische Staatsangehörigkeit einer Partei forum non conveniens nicht ausschließe, daß auch für citizens kein absolutes Recht auf ein Verfahren vor amerikanischen Gerichten bestehe[182]; im konkreten Fall aber wird dann ein dismissal zugunsten eines ausländischen Gerichts abgelehnt, weil die Staatsangehörigkeit zusammen mit anderen Faktoren forum non conveniens ausschließe[183].

Nur in drei Ausnahmesituationen ist die Klage eines amerikanischen Staatsbürgers zugunsten eines ausländischen Gerichts abgewiesen worden:

a) Wenn durch langjährige residence im Ausland die Bindung zu den USA an Gewicht verloren hatte[184]; umgekehrt kann auch die rechtliche Zuordnung zum Ausland durch intensive faktische Kontakte zum Inland an Bedeutung verlieren; die betroffene Person oder Gesellschaft wird dann wie ein US-Angehöriger („essentially American") behandelt[185].

b) Wenn der eingeklagte Anspruch von einem Ausländer auf einen US-Angehörigen übergegangen oder sogar nur zum Zweck der Klage abgetreten worden ist[186].

c) Wenn die amerikanische Partei auf ein ausländisches Gericht prorogiert hatte und diese Vereinbarung vernünftig (reasonable) war, weil der Rechtsstreit am ausländischen Gerichtsort eindeutig more convenient entschieden werden konnte[187].

---

[181] 339 U.S. 697 (Frankfurter, J.); vgl. auch In Re Unterweser Reederei, 428 F.2d 888/894 f. (5th Cir. 1970).
[182] Mobil Tankers Co. v. Mene Grande Oil Co., 363 F.2d 611 (3d Cir. 1966), cert.den. 385 U.S. 945; John Fabick Tractor Co. v. Penelope Shipping Co., 278 F.Supp. 182 (S.D. N.Y. 1967); Hoffmann v. Goberman, 420 F.2d 423 (3d Cir. 1970).
[183] Vgl. Anm. 181 f. und Wall Street Traders v. Sociedad Espanola de Construccion Naval, 245 F.Supp. 344/350 (S.D. N.Y. 1964); im Gegensatz zu diesen Entscheidungen die zweifelhafte Prozeßabweisung beim nicht amerikanischen Kläger in Hernandez v. Cali, Inc., 301 N.Y.S.2d 397. Siehe allgemein: Yukins, The Convenient Forum Abroad, 20 Stanf.L.Rev. 57 (1967).
[184] De Sairigne v. Gould, 83 F.Supp. 270 (S.D. N.Y. 1949), aff'd 177 F.2d 515, cert.den. 339 U.S. 912; vgl. damit Wheeler v. Société Nationale des Chemins de Fer Français, 108 F.Supp. 652 (S.D. N.Y. 1952).
[185] Chemical Carriers, Inc. v. L. Smith & Company's Internationale Sleepdienst, 154 F.Supp. 886 (S.D. N.Y. 1957); Mobil Tankers Comp. v. Mene Grande Oil Comp., 363 F.2d 611 (3d Cir. 1966); vgl. im Rahmen des Jones Act Hellenic Lines, Ltd. v. Rhoditis, 412 F.2d 919 (5th Cir. 1969), aff'd 398 U.S. 306 (1970).
[186] Universal Adjustment Corporation v. Midland Bank, Ltd. 184 N.E. 152 (Mass. 1933); United States Merchants' & Shippers' Ins. Co. v. A/S Den Norske Afrika og Australie Line, 65 F.2d 392 (2d Cir. 1933).
[187] Wm. H. Muller & Co. v. Swedish Am. Line Ltd., 224 F.2d 806 (2d Cir. 1955), cert.den. 330 U.S. 903; die Entscheidung wurde für den Bereich des Carriage of Goods by Sea Act (COGSA) overruled in Indussa Corp. v. S.S. Ranborg (2d

2. Wohnort („residence") der Parteien

Der Wohnort (residence) der Parteien spielt in der forum non conveniens-Praxis eine oft entscheidende Rolle.

Residence beider Parteien schließt eine Prozeßabweisung aus. Hat nur eine Partei — i. d. R. der Kläger — residence im Gerichtsstaat, ist ein dismissal unwahrscheinlich, jedoch in einigen Staaten und vor den federal courts nicht ausgeschlossen[188]; im einzelnen gilt folgendes:

a) In New York steht forum non conveniens in der Tradition der früheren nonresident-rule, derzufolge Rechtsstreitigkeiten zwischen nonresidents wegen extrastate torts i. d. R. nicht entschieden wurden. Deshalb ist auch heute noch eine Prozeßabweisung wegen forum non conveniens ausgeschlossen, sobald eine Partei des Rechtsstreits residence in New York hat[189]. Selbst wenn der eingeklagte Anspruch dem resident nur zur Klageerhebung abgetreten wurde, ist ein dismissal nicht zulässig[190].

In jüngster Zeit mehren sich jedoch die Anzeichen für eine flexiblere Haltung:

aa) Die „Judicial Conference" von New York hat im Jahre 1971 zum wiederholten Male eine gesetzliche Regelung für forum non conveniens gefordert und dabei ausdrücklich befürwortet, daß „the domicile or residence in this state of any party to the action would not preclude the court from staying or dismissing the action"[191].

bb) Da der Gesetzgeber dieser Forderung bisher nicht nachgekommen ist, hat die Appellate Division des Supreme Court in Silver v. Great American Insurance Company (1970)[192] eine Überprüfung der nonresident-rule durch den Court of Appeals angeregt: "As it is a judge-made rule the recommandation of the Conference should invite reconsideration by our highest court as well."

cc) Dasselbe Gericht hatte bereits wenige Monate vorher in Pharo v. Piedmont Aviation, Inc. (1970)[193] einen Rechtsstreit wegen forum non conveniens abgewiesen, obwohl eine der drei beklagten Gesellschaften eine New Yorker Corporation war. Der Kläger verlangte Schadens-

---

Cir. 1967); siehe jetzt M/S Bremen and Unterweser Reederei v. Zapata Off-Shore Company, 407 U.S. 1 (1972).

[188] s. Übersicht in Thomson v. Continental Insurance Company, 427 P.2d 765/678 f. (Cal. 1967).

[189] Wagner v. Braunsberg, 173 N.Y.S.2d 525 (A.D. 1958); Silver v. Great American Insurance Co., 316 N.Y.S.2d 186 (A.D. 1970).

[190] Wagner v. Braunsberg (s. vorige Anm.).

[191] 1 McKinney's Session Law News of New York 1971, S. A-12/13, Text im Anhang B III.

[192] 316 N.Y.S.2d 186/187.

[193] 310 N.Y.S.2d 120; vgl. dagegen White v. Boston & M.R.R., 129 N.Y.S.2d 15 (A.D. 1954); McHugh v. Paley, 314 N.Y.S.2d 208 (S.Ct. 1970).

ersatz wegen des Todes eines resident von Ohio bei einem Flugzeugunglück in West Virginia. Verklagt waren drei Gesellschaften: die Fluggesellschaft (aus North Carolina), der Hersteller des Flugzeugs (aus Maryland) und als einzige New Yorker Gesellschaft der Hersteller der Fluginstrumente. Alle Beklagten hatten sich der jurisdiction von West Virginia unterworfen, wo auch zwei Verfahren wegen desselben Unglücks anhängig waren. Die Appellate Division entschied mit 3 : 1 Stimmen, daß der Prozeß wegen forum non oncenviens abzuweisen sei, weil die New Yorker Beklagte in dem Rechtsstreit nur eine unbedeutende Rolle spiele.

Eine Reihe anderer Staaten definieren forum non conveniens als Lehre, die nonresidence beider Parteien voraussetzt[194]. Hier aber steht diese Voraussetzung nicht derartig im Vordergrund wie dies traditionsgemäß in New York — noch? — der Fall ist. Deshalb scheint auch eine Auflockerung nicht ausgeschlossen, wenn selbst in New York die „Festung residence" zu wanken beginnt[195].

b) Die Gegenposition wird vertreten von denjenigen Staaten, die in der residence zwar einen besonders gewichtigen, nicht jedoch einen unter allen Umständen entscheidenden (controlling) Faktor sehen[196]; — diese Auffassung vertritt auch der US-Supreme Court für die Bundesgerichte[197].

Der immer wieder angeführte leading case Gore v. United States Steel Corp. (N. J. 1954)[198] zeigt zugleich die Grenzen auch dieser flexiblen Auffassung: Eine New Jersey Corporation, die in allen US-Staaten „doing business" war, wurde in New Jersey auf Schadensersatz verklagt. Klagegrund war der tödliche Unfall eines resident von Alabama auf dem Gelände einer Tochtergesellschaft der Beklagten in Alabama. Die Kläger — Angehörige des Verunglückten — wohnten in Alabama, alle Zeugen

---

[194] Southern Railway Co. v. Bowling, 129 So.2d 433 (Fla.App. 1961); Adams v. Seaboard Coast Line Railroad Co., 224 So.2d 797 (Fla.App. 1969); Whitney v. Madden, 79 N.E.2d 593 (Ill. 1948); Fender v. St. Louis Southwestern Railway Co., 260 N.E.2d 373 (Ill.App. 1970); Elliott v. Johnston, 292 S.W.2d 589 (Mo. 1956); Flaiz v. Moore, 353 S.W.2d 74 (Tex.App. 1962), rev'd aus anderen Gründen 359 S.W.2d 872 (Tex. 1962).
[195] In Van Winkle-Hooker Co. v. Rice, 448 S.W.2d 824 (Tex.App. 1969) begnügte sich das Gericht zur Ablehnung des forum non conveniens-Antrages nicht mehr mit dem Hinweis auf den inländischen Wohnort des Klägers.
[196] Parvin v. Kaufmann, 236 A.2d 425 (Del. 1967); vgl. aber auch Kolber v. Holyoke Shares, Inc., 213 A.2d 444 (Del. 1965); siehe ferner Gonzales v. Atchinson, Topeka and Santa Fe Railway Co., 371 P.2d 193/199 (Kan. 1962); New Amsterdam Casualty Co. v. Estes, 228 N.E.2d 440 (Mass. 1967); Gore v. U.S. Steel Corp., 104 A.2d 670 (N.J. 1954); Amerocat Corp. v. Reagent Chemical & Research, Inc., 261 A.2d 380 (N.J.Super. 1970); Zurick v. Inman, 426 S.W.2d 767 (Tenn. 1968).
[197] Koster v. Lumbermens Mutual Cas. Co., 330 U.S. 518/524 (1946).
[198] 104 A.2d 670.

und sonstigen Beweismittel waren in Alabama, anzuwenden war das Recht von Alabama.

Die beklagte Gesellschaft beantragte Prozeßabweisung wegen forum non conveniens; der Supreme Court von New Jersey wies das untere Gericht an, dem Antrag stattzugeben: Forum non conveniens beruhe nicht auf Erwägungen von „domestic residence or citizenship as against foreign residence or citizenship", entscheidend seien vielmehr „considerations of convenience and justice". Es seien abzuwägen alle Faktoren, „of which residence is but part". Klägerwohnsitz, residence des Verunglückten, Unfallort, Zeugen und anwendbares Recht — diese Faktoren wiesen „entirely compelling" auf Alabama als appropriate forum. Entgegen der Entscheidung des Superior Court sei deshalb ein dismissal angebracht.

Die Sprache des Urteils ist eindeutig, seine Übertragbarkeit auf die residence natürlicher Personen jedoch zweifelhaft:

Eine New Jersey Corporation ist eine Gesellschaft, die in New Jersey gegründet wurde[199]; ihre „residence" in New Jersey besagt nichts über die gegenwärtigen faktischen Beziehungen der Gesellschaft zu ihrem „Heimatstaat". Deshalb wurde teilweise der Hauptniederlassung größeres Gewicht eingeräumt als der formellen Herkunft[200], denn: „forum non conveniens resists formalization and looks to the realities"[201]. Doch wird bei einer Gesellschaft auch das Gewicht einer Niederlassung — selbst der Hauptniederlassung — durch das Bestehen vieler anderer Geschäftszentren und Filialen relativiert. „Residence" von Gesellschaften ist deshalb eine besonders schwache residence.

Das erklärt, daß in fast allen Fällen, in denen trotz residence einer Partei auf forum non conveniens erkannt wurde, die einheimische Partei eine Gesellschaft war[202]. Und in allen Fällen war es die in ihrem Heimatstaat verklagte Gesellschaft, die beantragte, einem anderen Staat für die Prozeßführung den Vorrang zu geben. Das zeigt, welch geringe Bedeutung auch die Gesellschaften selbst ihrer residence für die Beurteilung der trial convenience einräumen.

Daß eine beklagte natürliche Person an ihrem Heimatgericht forum non conveniens beantragt, ist soweit ersichtlich bisher noch nicht vor-

---

[199] Vgl. In Re Roches Estate, 109 A.2d 655/659 (N.J. 1954).
[200] Adams v. Seaboard Coast Line Railroad Co., 224 So.2d 797 (Fla.App. 1969); Moore v. Ohio River Co., 177 A.2d 493 (Pa. 1961).
[201] Gonzales v. Atchinson, Topeka and Santa Fe Railway Co., 371 P.2d 193/199 (Kan. 1962).
[202] Winsor v. United Airlines, Inc., 154 A.2d 561 (Del.Super. 1958); Gonzales v. Atchinson, Topeka and Santa Fe Railway Co., 371 P.2d 193 (Kan. 1962); New Amsterdam Casualty Co. v. Estes, 228 N.E.2d 440 (Mass. 1967); Gore v. U.S. Steel Corp., 104 A.2d 670 (N.J. 1954); Vargas v. A. H. Bull Steamships Co., 131 A.2d 39 (N.J.Super. 1957).

gekommen. Das Problem der residence einer natürlichen Person im Rahmen von forum non conveniens tritt dann auf, wenn ein Kläger unter Ausnutzung einer schwachen Anknüpfung für die jurisdiction an seinem Heimatgericht klagt.

Nur ausnahmsweise wurde dann ein Prozeß trotz residence des Klägers abgewiesen. Dabei handelte es sich um Fälle, in denen der Person des Klägers — und damit auch seiner residence — nur geringe Bedeutung beigemessen wurde, weil der Kläger von Dritten abgeleitete Interessen wahrnahm. Das ist der Fall, wenn er nur Verwalter von Fremdinteressen ist[203] oder zwar formal eigene Ansprüche geltend macht, diese aber nur für die Klage abgetreten wurden[204].

Nimmt der Kläger sowohl eigene als auch abgeleitete Interessen wahr, richtet sich die Bedeutung seiner residence im Rahmen von forum non conveniens nach der Stärke seines Eigeninteresses. Ein Beispiel dafür sind die „derivative actions", in denen der einzelne Aktionär die leitenden Angestellten der Gesellschaft wegen schlechter Geschäftsführung verklagen kann. Im Vordergrund der Klage steht — der Idee nach — das Wohl der Gesellschaft. Wie stark daneben das tatsächliche Eigeninteresse des Einzelklägers ist, richtet sich nach Art seiner Beteiligung an der Gesellschaft. Ist sie nur gering, so genügt die residence des Klägers nicht zur Ausübung der jurisdiction, wenn das angegangene Gericht im übrigen ein forum non conveniens ist[205].

Ein Kläger mit uneingeschränktem Eigeninteresse wurde an seinem Wohnort nur dann wegen forum non conveniens abgewiesen, wenn das strittige Recht so eng mit einem anderen Staat verbunden war, daß eine Entscheidung durch diesen Staat sinnvoll erschien. So wurde in O'Brien v. Virginia-Carolina Chemical Corporation (N. J. 1964)[206] die Klage eines resident abgewiesen, der Feststellung bestimmter Vorzugsrechte als Aktionär der Beklagten — einer West Virginia Corporation — begehrte[207].

Aber auch Fehlleistungen eines Gerichts können einen resident um seine Klage im Inland bringen. In Rini v. New York Central Railroad Company (Pa. 1968)[208] billigte der Supreme Court von Pennsylvania die Abweisung eines Employer's Liability-Prozesses, obwohl der Kläger ein

---

[203] Great Northern Railway Co. v. Superior Court, 12 Cal.App.3d 105/111, 90 Cal.Rptr. 461/465 (Cal.App. 1970).
[204] Universal Adjustment Corp. v. Midland Bank, 184 N.E. 152 (Mass. 1933).
[205] Koster v. Lumbermens Mutual Cas. Co., 330 U.S. 518/524 (1946).
[206] 206 A.2d 878.
[207] Das ist eine Frage der „internal affairs" der Gesellschaft. Früher wurden derartige Fragen grundsätzlich den Gerichten des Heimatstaates der Gesellschaft überlassen; in neuerer Zeit stellt man zunehmend auf den Einzelfall ab unter Anwendung der forum non conveniens-Lehre. s. u. § 13 III 1.
[208] 240 A.2d 372.

resident von Pennsylvania war; Grund: Der Kläger wohnte in einem anderen County. Dieses Einbringen von innerstaatlichen Faktoren in die zwischenstaatliche forum non conveniens-Lehre trug der majority opinion (die Entscheidung erging 4 : 3) den heftigen dissent von Justice Musmanno ein[209]: "The majority opinion in this case churns up the law much more violently than any Ohio River steamboat agitating the water through which it cleaves its way. The harm it works, of course, is much more serious than the commotion caused by a passing river craft because water will return to its level whereas the corrugation in jurisprudence resulting from the majority decision will concretize permanent confusion.".

Als Ergebnis wird man feststellen können, daß auch in Staaten mit liberaler Haltung gegenüber der residence der Wohnort einer natürlichen Person im Normalfall ein unüberwindliches Hindernis für forum non conveniens ist.

3. Der Handlungsort

Der Handlungsort als Anknüpfung für die jurisdiction in personam ist fester Bestandteil der long-arm statutes für tort-, aber auch für contract-actions. Das Bedürfnis, dem Opfer eines Verkehrsunfalls die Klage am Unfallort zu ermöglichen, war eines der Hauptmotive für die Ausdehnung der personal jurisdiction über die Grenzen der transient rule hinaus.

Dennoch ist auch diese Anknüpfung der Lehre vom forum non conveniens unterworfen. Die folgende Darstellung beschränkt sich auf Klagen aus „torts", da hier der Hauptanwendungsbereich dieser Anknüpfung liegt.

Der Handlungsort ist neben residence der wohl wichtigste Einzelfaktor bei der Entscheidung über forum non conveniens in tort-actions. Am Ort der Handlung sind i. d. R. weitere Faktoren lokalisiert: Beweismittel, anwendbares Recht und das allgemeine Interesse, lokales Geschehen selbst zu untersuchen und zu klären. Teilweise findet sich denn auch in Urteilen die Definition, forum non conveniens regle die Ausübung der jurisdiction bei Rechtsstreitigkeiten wegen einer „cause of action arising outside of the state"[210]. Dies war insbesondere die herkömmliche Sprache der New Yorker Gerichte[211]. Deshalb scheint die New Yorker Praxis besonders geeignet, die Relativierung des Faktors „Handlungsort" aufzuzeigen.

---

[209] 240 A.2d 375 f.
[210] z. B. Zurick v. Inman, 426 S.W.2d 767/773 (Tenn. 1968); van Winkle-Hooker Co. v. Rice, 448 S.W.2d 824 (Tex.App. 1969).
[211] Robinson v. Oceanic Steam Nav. Co., 19 N.E. 625 (N.Y. 1889); De la Bouillerie v. De Vienne, 89 N.E.2d 15 (N.Y. 1949).

In Gainer v. Donner (S. Ct. 1931)[212] hatte sich ein Verkehrsunfall auf New Yorker Gebiet nahe der Grenze zu Pennsylvania ereignet. Alle Beteiligten waren residents einer Grenzgemeinde von Pennsylvania. Das Gericht — unter Anerkennung der „generale rule", daß Prozeßabweisung nur bei einer „cause of action arising outside of the state" ausgesprochen werde — gab dem Antrag auf dismissal statt: Da für beide Parteien das Heimatgericht leichter zu erreichen sei als das angegangene Gericht und da auch für Zeugen, soweit sie in New York wohnen sollten, das Gericht im benachbarten Pennsylvania ohne besondere Schwierigkeiten zu erreichen sei, sei kein Grund vorhanden, nur wegen des Handlungsortes den Prozeß in New York durchzuführen. — Ebenso entschied im folgenden Jahr der US-Supreme Court im entsprechend gelagerten admiralty-Fall Canada Malting Co. v. Paterson Steamships (1932)[213]. Das Gericht billigte die Prozeßabweisung im Rechtsstreit um die Kollision zweier kanadischer Schiffe auf der US-amerikanischen Seite des Lake Superior; der Unfallort könne gegenüber allen anderen auf Kanada verweisenden Faktoren (insbes. Herkunft beider Schiffe, Ziel und Ausgangspunkt beider Schiffspassagen) keine entscheidende Bedeutung mehr haben.

In New York aber blieb das Recht der Gerichte, Prozesse trotz des Handlungsortes in New York abzuweisen, umstritten. Die Supreme Courts zweier Countys sahen sich nicht zur Abweisung befugt[214].

Im Jahre 1955 wurde dann im Rechtsstreit Ivy v. Stoddard[215] eine Beleidigungsklage trotz Handlungsort in New York auf Grund von forum non conveniens abgewiesen. Beide Parteien waren einst an der University of Illinois tätig gewesen, der Kläger hatte an der Entwicklung eines Aufsehen erregenden und umstrittenen Krebsmittels mitgewirkt. Über dies Krebsmittel und die angewandten Forschungsmethoden hatte der Beklagte einen kritischen Bericht veröffentlicht, der überall in den USA verbreitet worden war. Später war der Beklagte nach New Jersey verzogen und hatte eine Tätigkeit an der New York University übernommen.

Das Gericht anerkannte, daß wegen des Buchverkaufs in New York der Klagegrund „technically" auch dort entstanden sei. Das aber verpflichte nicht zur Sachentscheidung, wenn lediglich „some incidental or insignificant tort takes place here as part of a multiple tort outside this state". Es gäbe keine „inflexible rule", entscheidend sei vielmehr „the combination and weight of factors". Da der strittige Sachverhalt in allen wesentlichen Fragen auf Illinois konzentriert sei, wo auch der Kläger

---

[212] 251 N.Y.Supp. 713.
[213] 285 U.S. 413.
[214] Hunter v. Hosmer, 254 N.Y.Supp. 635 (S.Ct. 1931); Malak v. Upton, 3 N.Y.S.2d 248 (S.Ct. 1938).
[215] 147 N.Y.S.2d 469 (S.Ct. 1955).

wohne und dessen jurisdiction sich der Beklagte unterworfen habe, sei ein dismissal angebracht.

In einem anderen Sachverhaltstyp entschied die Appellate Division ebenfalls gegen den Handlungsort. In Hernandez v. Cali, Inc. (A. D. 1969)[216] klagte ein kolumbianischer Seemann gegen eine panamaische Gesellschaft wegen eines Unfalls, der sich auf dem Schiff der Beklagten im New Yorker Hafen ereignet hatte. Die Parteien hatten Recht und Gerichte von Panama vereinbart. Das Gericht hielt den Ort des Unglücks nicht für entscheidend; ein Abwägen aller in Gulf Oil Corporation v. Gilbert genannten Faktoren sei erforderlich und müsse zur Abweisung des Prozesses führen, zumal die Parteien sich auch auf das convenient forum Panama geeinigt hätten[217].

Aus den berichteten Fällen lassen sich zwei Fallgruppen ableiten, in denen der Handlungsort seine typische Bedeutung verliert:

a) Alle anderen Faktoren können eindeutig einen anderen Ort als „Zentrale" des Gesamtsachverhaltes auszeichnen. In diese Richtung weisen Gainer v. Donner und Canada Malting Co. v. Paterson Steamships. Die Ablösung des Handlungsortes als Geschehenszentrale wird dann unübersehbar, wenn dem Geschehen jede signifikante Beziehung zum zufälligen Ort des Ereignisses fehlt. Die Kollision auf dem Lake Superior oder der Unfall auf dem Schiff im New Yorker Hafen sind Beispiele hierfür[218]. Ähnlich beziehungslos können aber die verschiedensten Handlungen sein: z. B. das beleidigende Wortgefecht oder die Schlägerei zwischen zwei Mitgliedern einer Reisegesellschaft.

Die zuständigkeitsrechtliche Parallele zur Lehre von der „soziologischen Einbettung"[219] im Bereich des IPR ist deutlich: Sie möchte ähnlich dann vom „normalen" Recht des Handlungsortes abgehen, wenn dieser wegen der eindeutigen Verknüpfung des Sachverhalts mit einem anderen Recht seine sonst ausschlaggebende Bedeutung verliert.

b) Der Handlungsort kann zweitens dann sein Gewicht einbüßen, wenn das Geschehen über viele Orte verteilt ist (wie z. B. im Fall Ivy v. Stoddard). Welcher von mehreren Handlungsorten zur Durchführung eines Verfahrens noch geeignet ist, richtet sich nicht mehr nach seiner formalen Qualifikation als Ort eines Teilgeschehens, sondern nach seiner relativen Bedeutung gegenüber anderen Handlungsorten. Zur Feststel-

---

[216] 301 N.Y.S.2d 397.
[217] Zur Bedeutung der Zuständigkeitsvereinbarung bei forum non conveniens s. u. 9.
[218] Vgl. McKinney v. Houghland Towing Co., 248 N.E.2d 322/325 (Ill.App. 1969): "Since the alleged injury is based on negligence aboard, and the seaworthiness of, a floating vessel, we cannot comprehend how the geographical location... could be of any consequence."
[219] Binder, Zur Auflockerung des Deliktsstatuts, RabelsZ 20 (1955), 401/480 ff.; vgl. Kropholler, RabelsZ 33 (1969), 601 ff.

lung dieser Bedeutung kann das Kriterium „Handlungsort", da es allen in Frage stehenden Orten gemeinsam ist, nichts beitragen.

4. Beweismittel, insbesondere Zeugen

Mit der Erkenntnis, daß die in den Handlungsort gesetzten Erwartungen bezüglich der Beweismöglichkeiten nicht immer erfüllt werden, ist in der forum non conveniens-Doktrin die Anerkennung der Lage der Beweismittel als selbständiger Faktor verbunden. Eine hervorragende Rolle spielt dabei der Wohnort der Zeugen, aber auch die Lage von Dokumenten oder die Möglichkeit, eine Ortsbesichtigung vorzunehmen, werden gegebenenfalls in die Erwägungen einbezogen.

Um die Bedeutung, die der Lage der Beweismittel in der forum non conveniens-Lehre zukommt, zu verstehen, muß man sich vergegenwärtigen, daß das Unmittelbarkeitsprinzip bei der Beweisaufnahme in der amerikanischen Prozeßpraxis von größerer Wichtigkeit ist als im deutschen Prozeß[220]. Im amerikanischen trial, zumindest wenn es vor einer jury stattfindet, kommt es ganz entscheidend darauf an, den Fall plastisch, „hautnah" vorzuführen. Nicht ein im Umgang mit Akten geschulter Richter ist ja zu überzeugen, sondern eine Gruppe von Laien, auf die die unmittelbare Vorführung eines Zeugen im Kreuzverhör einen viel tieferen Eindruck machen wird als das Verlesen eines trockenen Vernehmungsprotokolls. Deshalb wird zwar in einigen Entscheidungen, die forum non conveniens ablehnen, auf die Möglichkeit einer schriftlichen Zeugenaussage hingewiesen[221], i. d. R. aber geht man davon aus, daß die Zeugen zur unmittelbaren Vernehmung herbeigeschafft werden müssen.

a) Notwendigkeit und Geeignetheit

Beweismittel können nur dann ein Faktor sein, wenn sie zur Entscheidung des Rechtsstreits von Bedeutung sind. Ihre Lage wird deshalb nicht berücksichtigt, wenn sie voraussichtlich nicht zum Beweis geeignet oder zumindest nicht notwendig[222] sind, insbesondere wenn die Tatsachen, zu deren Beweis sie angeführt werden, nicht bestritten sind[223].

---

[220] Auf die zu geringe Ausnutzung des Ortstermins in der deutschen Praxis hat Bull, Sechs Gebote für den Ortstermin im Zivilprozeß, JR 1959, 410 hingewiesen.
[221] Kolber v. Holyoke Shares, Inc., 213 A.2d 444/446 (Del. 1965): "The advantages of 'live testimony', as contrasted with depositions, are unquestionable; but litigants are constantly obliged to resort to depositions...", vgl. auch McKinney v. Houghland Towing Comp., 248 N.E.2d 322/325 (Ill.App. 1969).
[222] Sachverständige, die an jedem Gerichtsort zur Verfügung stehen, sind deshalb z. T. als unwesentlich für forum non conveniens angesehen werden, St. Louis-San Francisco Ry. Co. v. Superior Court, 290 P.2d 118/121 (Okl. 1955).
[223] Cotton v. Louisville and Nashville Railroad Company, 152 N.E.2d 385 (Ill. 1958).

Soweit danach Zeugen oder andere Beweismittel als relevante Faktoren anzuerkennen sind, ist ihre Bedeutung davon abhängig, ob sie

b) Konzentration

an einem Ort derartig konzentriert sind, daß sich dieser Ort als für die Beweisführung ganz besonders günstig erweist. Sind die Beweismittel verstreut und ist deshalb an jedem Ort mit gewissen Schwierigkeiten zu rechnen, können sie nicht mehr zur optimalen Lokalisierung des Rechtsstreites dienlich sein[224]. Diese Einschränkung führt in der Praxis zu einer Beschränkung des selbständigen Wertes der Beweismittel.

Wenn sie nämlich irgendwo konzentriert sind, dann in der Regel am Handlungsort (oder an einem der Handlungsorte). Ihre Bedeutung besteht dann darin, den Wert des Handlungsortes zu bemessen oder unter mehreren Handlungsorten die für eine Prozeßführung geeigneten aufzuzeigen[225].

Aber nicht nur die Streuung der Beweismittel kann deren Bedeutung herabmindern; auch der Wohnsitz der einzelnen Zeugen kann von verschiedenem Gewicht sein. So hat der Supreme Court von Illinois in McKinney v. Houghland Towing Comp. (1969)[226] dem Wohnsitz von Seeleuten keinen besonderen Wert beigemessen: Seeleute seien an ihrem Wohnort bekanntlich selten zu erreichen.

c) Möglichkeit und Zumutbarkeit der Herbeischaffung

Zweiter Gesichtspunkt bei der Bewertung des Faktors Beweismittel sind Möglichkeit und Zumutbarkeit für die betroffene Partei, ihre Zeugen etc. von anderswo herbeizuschaffen.

aa) Ob es einer Partei möglich ist, etwa einen Zeugen aus einem anderen Einzelstaat herbeizuschaffen, hängt weitgehend von ihren persönlichen Beziehungen zum betreffenden Zeugen ab. Die state-courts können außerhalb ihres Einzelstaates keine mit Zwangsmaßnahmen bewehrte Ladung (subpoena) bewirken; deshalb müssen die Parteien selbst für das Erscheinen der auswärtigen Zeugen Sorge tragen. Wenn ein Zeuge in persönlichen Beziehungen zur Partei steht oder gar Angestellter der beklagten oder klagenden Gesellschaft ist, gehen die Gerichte davon aus, daß auf Grund dieser Kontakte die Beweisaufnahme sichergestellt ist[227].

---

[224] St. Louis-San Francisco Ry. Co. v. Superior Court, 290 P.2d 118 (Okl. 1955); Walker v. Ohio River Co., 205 A.2d 43 (Pa. 1964); McKinney v. Houghland Towing Comp., 248 N.E.2d 322/325 (Ill. 1969).
[225] z. B. in Ivy v. Stoddard, vgl. Anm. 215.
[226] 248 N.E.2d 322.
[227] „the absence of subpoena power is not a material factor in compelling the attendance of employee witnesses", Fender v. St. Louis Southwestern

bb) Bei der Frage der Zumutbarkeit geht es um die Kosten für Fahrt und Aufenthalt des Zeugen. Wenn der finanzielle Aufwand für die Partei im Rahmen des Rechtsstreites erheblich ist und an einem anderen Prozeßort vermieden werden könnte, finden die Beweismittel, die die Kosten verursachen, Berücksichtigung bei der forum non conveniens-Entscheidung[228].

5. Anwendbares Recht

Neben den Parteibeziehungen zum Gerichtsort und der Sachverhaltsnähe ist die Rechtsnähe die dritte wesentliche Komponente bei der Bestimmung des Prozeßorts.

Forum non conveniens ist mit dem in der Sache anwendbaren Recht auf zweifache Weise verbunden:

a) Die Tatsache, welches Recht in der Sache anzuwenden ist, ist ein Faktor innerhalb der forum non conveniens-Entscheidung;

b) Ein forum non conveniens-dismissal kann auch seinerseits das Mittel sein, die Anwendung des inländischen Sachrechts als „lex fori" in sachgerechten Grenzen zu halten.

a) Das anwendbare Recht als Faktor

Grundsätzlich ist jedes Gericht in der Lage, auch fremdes Sachrecht anzuwenden; ausländisches Sachrecht allein zwingt deshalb nicht zur Prozeßabweisung, Anwendbarkeit eigenen Sachrechts steht einer Abweisung nicht entgegen. Das ist der Ausgangspunkt. — Nur in Extremfällen kann das fremde Sachrecht zur Abweisung zwingen: wenn der nach ausländischem Recht begehrte Urteilsspruch dem einheimischen Rechtssystem so wesensmäßig fremd ist, daß das Gericht keine rechtliche Möglichkeit sieht, darüber zu entscheiden[229]. In Ausnahmefällen kann umgekehrt auch die Anwendung heimischen Sachrechts die Annahme des Rechtsstreites zwingend erfordern; dann nämlich, wenn es um die Anwendung besonderer Schutzgesetze geht, deren Verwirklichung nur durch einheimische Gerichte genügend gesichert erscheint[230].

Railway Company, 260 N.E.2d 373 (Ill.App. 1970); vgl. Cotton v. Louisville & Nashville Railroad Comp., 152 N.E.2d 384/400 (Ill. 1958); Mooney v. Denver & R.G.W.R. Co., 221 P.2d 628/648 (Utah 1950).
[228] Cotton v. Louisville & Nashville Railroad Comp. (siehe Anm. 224): 100 Dollar Mehrkosten unerheblich; Great Northern Railway Comp. v. Superior Court; 12 Cal.App.3d 105, 90 Cal.Rptr. 461 (Cal. App. 1970): 5000 Dollar erheblich. Dieser Gesichtspunkt ist deshalb wichtig, weil grundsätzlich jede Partei unabhängig vom Prozeßausgang ihre Kosten selbst trägt.
[229] Slater v. Mexican Nat. R. Co., 194 U.S. 120 (1904).
[230] Als zwingend (mandatory) werden angesehen die jurisdiction der amerikanischen Gerichte unter dem Seamen's Act (46 U.S.C. § 597): Monteiro v. Sociedad Maritima San Nicolas, S.A., 280 F.2d 568/573 (2d Cir. 1960), cert.den. 364 U.S. 915 sowie unter dem Carriage of Goods by Sea Act (COGSA, 46 U.S.C.

§ 8: Inconvenient und Convenient Forum

Da es in diesen Fällen nicht um eine Ermessensentscheidung über die Zweckmäßigkeit des Gerichtsortes geht, sondern um die Fähigkeit des Gerichts zur Urteilsfällung oder um eine zwingende Schlußfolgerung aus dem Zweck der Sachnorm, kann von einer forum non conveniens-Entscheidung nicht gesprochen werden[231].

Bei forum non conveniens nämlich ist das anwendbare Recht nur ein Faktor unter anderen[232]. Da allerdings die Anwendbarkeit des Sachrechts eines bestimmten Staates die Verwirklichung bestimmter Anknüpfungsmomente in diesem Staat voraussetzt, ist das Sachrecht meist mit anderen auf dasselbe Land hinweisenden Faktoren verbunden und aus diesem Grund ein Indiz dafür, daß das forum legis ein convenient forum ist.

aa) Forum non conveniens trotz inländischen Sachrechts

Wenn deshalb auf Grund der sachlichen Kollisionsnormen inländisches Recht anzuwenden ist, werden die Kontakte zum Inland i. d. R. genügend stark sein, um eine Ausübung der Zuständigkeit zu rechtfertigen. Daß dies aber nicht zwingend so ist, zeigt Canada Malting Co. v. Paterson Steamships (1932)[233]. Der US-Supreme Court ließ bei der Billigung des dismissals die Frage nach dem in der Sache anwendbaren Recht ausdrücklich offen: selbst wenn US-amerikanisches Recht als lex loci delicti commissi anzuwenden sei, stünde das einer Prozeßabweisung nicht entgegen.

bb) Forum non conveniens wegen fremden Sachrechts

Meist wird die Frage nach der Bedeutung des anwendbaren Rechts aktuell, wenn der Antrag auf ein dismissal u. a. damit begründet wird, daß in der Sache fremdes Recht anzuwenden sei. Wieweit das fremde Sachrecht zum forum non conveniens beiträgt, hängt davon ab, ob „the laws of the foreign state ... are so materially different from our own, that their application would present difficulty to the court"[234]; oder ob „the controlling law ... is doubtful or uncertain or the particular statute at the core of the controversy has not been definitively construed or its validity adjudicated in its home state"[235].

---

§ 1301 ff.): Indussa Corporation v. S.S. Ranborg, 377 F.2d 200 (2d Cir. 1967), vgl. Ehrenzweig, Priv.Int.Law, section 132, 135; Yukins, 20 Stanf.L.Rev. 61, 79.
[231] Braucher, 60 Harv.L.Rev. 912 ff.
[232] Zweifelhaft war die Einordnung des Sachrechts in die forum non conveniens-Praxis in Texas. In Flaiz v. Moore (1962) hatte der Court of Civil Appeals, 353 S.W.2d 74 unterschieden zwischen Prozeßabweisung wegen fremden Sachrechts und forum non conveniens; letzteres betreffe nur die Parteikontakte zum Gericht. Der Supreme Court, 359 S.W.2d 872 korrigierte: Sachrecht und Parteikontakt fielen unter forum non conveniens, wenn auch als „distinct and usually unrelated grounds".
[233] 285 U.S. 413; vgl. Cole v. Lee, 435 S.W.2d 283/287 f. (Tex.App. 1968).
[234] Zurick v. Inman, 426 S.W.2d 767/774 (Tenn. 1968).
[235] O'Brien v. Virginia-Carolina Chemical Corp., 206 A.2d 878/886 (N.J. 1964).

Materielle Unterschiede und Schwierigkeiten in der praktischen Rechtsfindung geben dem fremden Recht seine Bedeutung für die Entscheidung über forum non conveniens[236]. Anwendungsschwierigkeiten allein können jedoch nicht zur Prozeßabweisung führen, wenn das angegangene Gericht im übrigen zur Entscheidung geeignet ist[237].

cc) Forum non conveniens bei unterschiedlichem IPR

Die Frage, welche Bedeutung es für die forum non conveniens-Entscheidung hat, wenn das convenient forum auf Grund seines Kollisionsrechts ein anderes — dem Kläger ungünstigeres — Sachrecht anwenden würde als das zunächst angerufene Gericht, hat in den USA wenig Beachtung erfahren. Nur wenn es darum ging, die Durchsetzung besonderer inländischer Schutznormen zu sichern[238], oder wenn das ausländische Recht dem Kläger einen Anspruch ganz versagen würde[239], wurde forum non conveniens wegen möglicher Rechtsunterschiede abgelehnt. Andererseits wurde es bei einer Prozeßabweisung positiv vermerkt, wenn feststand, daß dem Kläger im Ausland ähnliche Ansprüche zustehen würden wie in den USA[240].

In ähnlichem Zusammenhang aber wurde verschiedentlich ausgesprochen, daß der Kläger kein absolutes Recht hat, dort zu klagen, wo er das günstigste Sachurteil erwarten kann. In den USA taucht dieses Problem auf, wenn Kläger ein Gericht wählen, das zwar keinen wesentlichen Kontakt zum Rechtsstreit aufweist, aber bekanntermaßen großzügig im Zuspruch von Schadensersatz ist. Hier ist es nicht als Hinderungsgrund für eine Prozeßabweisung anerkannt worden, daß der Kläger am convenient forum einen geringeren Schadensersatz zu erwarten hätte[241]. Gerade als Mittel gegen derartiges „forum shopping" hat die Lehre vom forum non conveniens Bedeutung gewonnen[242].

---

[236] In Dietrich v. Texas National Petroleum Co., 193 A.2d 579/584 (Del.Super. 1963) war das Gericht „not impressed" durch das fremde Recht, denn: "The issues appear to be simple and should easily disposed of in our courts." Vgl. Radio Corporation of America v. Rotman, 192 A.2d 655 (Pa. 1963), Giseburt v. Chicago, Burlington & Quincy Railroad Co., 195 N.E.2d 746 (Ill.App. 1964); Cole v. Lee, 435 S.W.2d 283/287 (Tex.App. 1968).
[237] Kolber v. Holyoke Shares, Inc., 213 A.2d 444/446 (Del. 1965); Nader v. General Motors Corp., 298 N.Y.S.2d 137 (A.D. 1969).
[238] Vgl. oben vor aa).
[239] In Re Unterweser Reederei, 428 F.2d 888 (5th Cir. 1970), rev'd wegen Prorogation 407 U.S. 1 (1972); vgl. unten § 8 III 9.
[240] Hernandez v. Cali, Inc., 301 N.Y.S.2d 397/399 (A.D. 1969); W.S.A. 262.19 (3) (c), Text Anhang B II.
[241] St. Louis-SanFrancisco Ry. Co. v. Superior Court, 290 P.2d 118 (Okl. 1955); Pruitt Tool & Supply Company v. Windham, 379 P.2d 849 (Okl. 1963); Gore v. U.S. Steel Corp., 104 A.2d 670/676 (N.J. 1954); eine vereinzelte Gegenmeinung findet sich in Mooney v. Denver & R.G.W.R. Co., 221 P.2d 628/647 (Utah 1950).
[242] Ehrenzweig, Priv.Int.Law, S. 107 ff.; Stimson, Conflict, S. 348; Barrett, 35 Cal.L.Rev. 381 ff.; Thomson, 16 Wayne L.Rev. 1170; Baggerman, 36 Mo.L.Rev. 110.

Man wird daraus den Schluß ziehen dürfen, daß allgemein Unterschiede in der Sachbeurteilung ein dismissal nicht hindern, solange sie nicht auf Rechtsverweigerung hinauslaufen[243], daß es im Gegenteil dem Kläger durch forum non conveniens verwehrt werden soll, einen Gerichtsstand nur wegen des ihm günstigen IPR zu wählen.

dd) Forum non conveniens ohne IPR-Prüfung

Daß bei der forum non conveniens-Entscheidung kein entscheidendes Gewicht darauf gelegt wird, daß vom convenient forum dasselbe Sachrecht angewandt wird wie vom angegangenen Gericht, entspricht der Aufgabenstellung der Lehre: Sie soll einen gerechten Verhandlungsort finden helfen, den richtigen Weg zu einer Sachentscheidung. Dem würde es widersprechen, wenn schon zu sehr auf den Inhalt der möglichen Entscheidung eingegangen würde. Zwar läßt sich das Eingehen auf Sachfragen häufig nicht vermeiden — etwa um die Notwendigkeit von Beweismaterial zu beurteilen —, doch wenn möglich, sollen komplizierte Rechtsfragen gerade dem convenient forum überlassen werden. Deshalb wird häufig die IPR-Frage nach dem anwendbaren Sachrecht offen gelassen oder überhaupt nicht gestellt[244]. Forum non conveniens ist geradezu als Mittel zur Vermeidung unnötiger IPR-Probleme aufgefaßt worden[245]. Man vertraut darauf, daß ein Gericht mit stärkerem Kontakt zum Sachverhalt auch besser geeignet ist zur Lösung des IPR-Problems als dasjenige, das sachverhaltsfern über die Anwendung dieses oder jenes Sachrechts entscheiden soll.

b) Forum non conveniens als Kollisionsnorm
   zur Begrenzung der lex fori

Die Lehre vom forum non conveniens ist von entscheidender Bedeutung dann, wenn als Sachrecht die lex fori angewandt wird. Dann geht es nicht mehr darum, das anwendbare Sachrecht innerhalb der Zuständigkeitsentscheidung als einen Faktor unter anderen zu berücksichtigen; forum non conveniens begrenzt vielmehr seinerseits den Geltungsbereich der Sachnorm, wird selbst zur Kollisionsnorm: Die lex fori wird angewandt, es sei denn, daß der Rechtsstreit unter Berücksichtigung aller Umstände des Einzelfalles eindeutig besser in einem anderen Land entschie-

---

[243] Yukins, 20 Stanf.L.Rev. 64; daß unterschiedliche IPR-Regeln der Abweisung nicht entgegenstehen, schließt natürlich nicht aus, daß sie als ein Faktor in die Entscheidung einbezogen werden: so ausdrücklich das Wisconsin-statute W.S.A. 262.19 (3) (c), Text im Anhang B II, vgl. oben Anm. 240.

[244] Canada Malting Co. v. Paterson Steamships, 285 U.S. 413 (1932); Kloeckner Reederei und Kohlenhandel, GmbH v. A/S Hakedal, 210 F.2d 754/757 (2d Cir. 1954); Anglo-American Grain Co. v. The S/T Mina D'Amico, 169 F.Supp.908 (E.D. Va. 1959); vgl. Yukins, 20 Stanf.L.Rev. 64 f.

[245] Braucher, 60 Harv.L.Rev. 937; Bickel, 35 Cornell L.Q. 15, 38; Traynor, 37 Tex.L.Rev. 663; vgl. auch Currie, The Desinterested Third State, 28 Law & Contemp. Probl. 754/767 (1963).

Die wichtigsten Faktoren (anwendbares Recht) 85

den werden kann. Der Unterschied zur „reinen" IPR-Regel ist nicht so groß, wie es zunächst scheinen mag. Nationalität, Wohnort und Handlungsort sind im IPR und bei forum non conveniens wichtige Faktoren; auf den Einzelfall abstellende Regeln sind, wie die neuere amerikanische Entwicklung zeigt[246], auch im IPR nicht nur theoretisch denkbar. Das Besondere der forum non conveniens-Kollisionsnorm liegt aber in folgendem:

aa) Internationalprozeßrechtliche und internationalprivatrechtliche Interessen werden vermischt; die Lage von Beweismitteln etwa oder die Erreichbarkeit eines anderen Gerichts fließen in die IPR-Entscheidung ein.

bb) Es wird ein Regel-Ausnahme-Verhältnis zugunsten des einheimischen Sachrechts geschaffen.

Insbesondere *Ehrenzweig* hat bei seinem Eintreten für die lex fori auf die Bedeutung hingewiesen, die forum non conveniens bei der Suche nach dem geeigneten Gericht (forum conveniens), das mit Recht seine lex fori anwenden könne, und bei der Verhinderung von „forum shopping" zukomme[247].

Von der amerikanischen Rechtspraxis ist forum non conveniens seit langem als Kollisionsnorm zur Begrenzung der lex fori in admiralty-Sachen angewandt worden. Die lex fori beherrscht zwar auch Teile des Familienrechts, z. B. Adoption und Scheidung, doch hier wurde wegen der engen Grenzen der in rem jurisdiction in „status"-Sachen die Einschränkung durch forum non conveniens bisher nicht praktiziert[248]. Bei admiralty-Sachen dagegen führte das Zusammentreffen von personal jurisdiction und in rem jurisdiction (über das Schiff) zu sehr weiten Zuständigkeiten der amerikanischen Gerichte, die i. d. R. amerikanisches Sachrecht — etwa als „general maritime law"[249] — anwandten. Forum non conveniens wurde dann praktiziert, um die Zuständigkeit und damit auch die lex fori auf ein vertretbares Maß zu beschränken[250].

Wegen der unterschiedlichen Interessen, die bei der Zuständigkeitsverteilung und bei der Lösung von IPR-Problemen zu beachten sind, wird man bezweifeln müssen, ob lex fori und forum non conveniens eine zufriedenstellende Lösung im IPR bieten können; auch Ehrenzweig sieht

---

[246] Vgl. Überblick bei Ehrenzweig, Priv.Int.Law, S. 62 ff.; Leflar, American Conflicts Law, S. 233 ff.
[247] Priv.Int.Law, S. 107 ff., 233 ff.; vgl. oben Anm. 123; zu Ehrenzweigs lex fori approach allgemein siehe außer der bereits zitierten Literatur: Ehrenzweig, Specific Principles of Private Transnational Law, Rec. des Cours 1968 II, 178 ff.; Siehr, Ehrenzweigs Lex-Fori-Theorie, RabelsZ 34 (1970), 585 ff.
[248] Vgl. oben § 7 II 2.
[249] Vgl. Ehrenzweig, Priv.Int.Law, S. 198.
[250] Vgl. oben § 4 III 3 b).

in Erkenntnis dieses Mangels[251] in forum non conveniens nur einen Ausgangspunkt auf dem Weg von der transient rule zu seinem Ideal des forum conveniens. Doch hieße es trotz dieser Unzulänglichkeit ungerechtfertigte Kritik an der lex fori-Praxis der amerikanischen admiralty-Gerichte üben, wenn man die Korrekturen durch forum non conveniens unberücksichtigt ließe.

6. Vollstreckungsmöglichkeiten

Gulf Oil Corp. v. Gilbert nannte die Durchsetzbarkeit des Urteils als einen möglichen Faktor bei der forum non conveniens-Entscheidung[252], doch nur verhältnismäßig selten befassen sich die Gerichte mit den Vollstreckungsmöglichkeiten an diesem oder jenem Gerichtsort. Die Erklärung dafür gibt die Entscheidung Walsh v. Crescent Hill Co. (D. C. App. 1957)[253]: Eine Vollstreckungsmöglichkeit im Gerichtsland sei nur relevant, wenn am convenient forum ähnliche Vollstreckungschancen fehlten. Sind an den in Frage kommenden Gerichtsständen Urteile in gleicher Weise durchsetzbar, wird der Faktor „Vollstreckung" neutralisiert[254]. Das aber ist innerhalb der USA der Fall, da durch die Full Faith and Credit Clause der amerikanischen Verfassung die Anerkennung und Vollstreckung des Urteils eines Einzelstaates in allen übrigen Staaten gesichert wird.

Soll ein Prozeß zugunsten eines ausländischen Gerichts abgewiesen werden, ist die Durchsetzbarkeit des Urteils nicht ohne weiteres auszuklammern. Aber auch hier spielt sie keine entscheidende Rolle. Abgewiesen wird meist zugunsten eines Landes, zu dem der Beklagte wesentlich mehr Kontakte hat als zum Staat des angegangenen Gerichts. Dort aber wird man i.d. R. auch bessere Vollstreckungsmöglichkeiten voraussetzen können. Auf die Durchsetzbarkeit des Urteils gehen die Gerichte in solchen Fällen häufig gar nicht ein[255]. Darüber hinaus aber ist die Vollstreckbarkeit herstellbar. Der Beklagte kann im anderen Gerichtsland Sicherheit leisten, falls forum non conveniens an der schlechten Durchsetzbarkeit des Urteils im Ausland scheitern könnte[256]. Wenn deshalb

---

[251] A Proper Law in a Proper Forum: a "Restatement" of the "Lex Fori Approach", 18 Okl.L.Rev. 341/351 (1965).
[252] 330 U.S. 501/508: "There may also be questions as to the enforcibility of a judgment..."; vgl. Goodwine v. Superior Court, 407 P.2d 1/4 (Cal. 1965); Great Northern Railway Comp. v. Superior Court, 12 Cal.App.3d 105, 90 Cal.Rptr. 461/467 (Cal. App. 1970).
[253] 134 A.2d 653.
[254] Vgl. Great Northern Ry. Co. v. Superior Court, 12 Cal.App.3d 105, 90 Cal.Rptr. 461/467 (Cal.App. 1970).
[255] Aetna Insurance Company v. Creole Petroleum Corp., 275 N.Y.S.2d 274 (A.D. 1966); Carey v. Southern Peru Copper Corp., 287 N.Y.S.2d 599 (A.D. 1968).
[256] Canada Malting Co. v. Paterson Steamships, 285 U.S. 413 (1932); in Hernandez v. Cali, Inc., 301 N.Y.S.2d 397 (A.D. 1969) bot die Beklagte von sich aus Sicherheitsleistungen am convenient forum in Panama an.

in Domingo v. State Marine Lines (Del.Super. 1969)[257] das Gericht die Ablehnung von forum non conveniens u. a. mit der fehlenden Durchsetzbarkeit eines Urteils auf den Philippinen begründete, wird man hierin weniger einen wirklichen Faktor als ein willkommenes Zusatzargument für eine auf anderen Gründen basierende Entscheidung zu sehen haben. Das Urteil zeigt aber, daß im Konfliktfall die Vollstreckungsmöglichkeit im ausländischen forum, sollte sie wirklich einmal ausgeschlossen sein, zur Ablehnung von forum non conveniens führen könnte.

Die Vollstreckungsaussichten können im Ausland auch besser sein als im Inland. Darauf berufen sich die Beklagten in Bata v. Bata (N. Y. 1952)[258] zur Begründung von forum non conveniens: Das Vermögen, dessen Überführung in einen trust zugunsten der Kläger verlangt wurde, war größtenteils in Brasilien, wo auch der Beklagte wohnte. Das Gericht sah darin keinen Hinderungsgrund für eine Sachentscheidung, da im übrigen andere Gerichte nicht besser zur Durchführung des Prozesses geeignet seien und ein New Yorker Urteil zumindest nicht wirkungslos sei. Der Supreme Court von Pennsylvania dagegen sah in Plum v. Tampax, Inc. (1961)[259] einen Faktor „of great weight" in der Tatsache, daß der Kläger von Tampax Handlungen begehrte, die ausnahmslos in New York und Europa vorgenommen werden sollten. Da auch die residence der Parteien, die Lage der Beweismittel und das anwendbare Recht auf New York oder Dänemark verwiesen, wurde die Entscheidung des Rechtsstreits abgelehnt. Dies, obwohl die Beklagte Vermögen in Pennsylvania besaß, das zur Erzwingung der Handlungen verwertet werden konnte.

Ergebnis: Die Durchsetzbarkeit des Urteils spielt für forum non conveniens keine Rolle, wenn sie an den möglichen Gerichtsorten gleichermaßen gesichert ist. Fehlt sie ausnahmsweise im convenient forum und ist sie dort auch nicht herstellbar, wird der Rechtsstreit nicht abgewiesen. Soll das Urteil seine Wirkungen hauptsächlich außerhalb des Gerichtslandes entfalten, kann das ein Faktor bei der forum non conveniens-Entscheidung sein.

7. Zeitablauf

Frühzeitiger Rechtsschutz ist besserer Rechtsschutz, zeitsparendes Verfahren heißt Arbeitsentlastung für das Gericht. Deshalb ist die Zeit ein Faktor bei der Entscheidung über forum non conveniens.

a) „Zeit" kann bedeuten die bereits zur Rechtsverfolgung aufgewandte Zeit. Danach spricht es für einen Abweisungsantrag, daß er vom Beklagten ohne Verzögerung zu Beginn des Verfahrens gestellt wurde[260].

---

[257] 253 A.2d 78, aff'd 269 A.2d 223.
[258] 105 N.E.2d 623.
[259] 168 A.2d 315.
[260] Hernandez v. Cali, Inc., 301 N.Y.S.2d 39 (A.D. 1969).

§ 8: Inconvenient und Convenient Forum

Die Chancen für eine Prozeßabweisung kurz vor Schluß des trials dagegen sind gering: Eine Abweisung zu diesem Zeitpunkt bedeute Unrecht gegen den Kläger und trage auch nichts mehr zur Entlastung der Gerichte bei[261].

Wurde die erste Instanz gar durch ein Sachurteil abgeschlossen, ist eine Prozeßabweisung im Rechtsmittelverfahren erst recht unwahrscheinlich. Im Rechtsstreit Peterie v. Thompson (Ill.App. 1956)[262] hatte der Beklagte beim trial court erfolglos eine forum non conveniens-Abweisung beantragt; das Gericht entschied zur Sache. Vor dem Appellate Court verlangte der Beklagte als erstes Aufhebung der forum non conveniens-Entscheidung und Abweisung des Prozesses. Das Gericht entschied, daß zwar der Rechtsstreit in 1. Instanz hätte abgewiesen werden müssen, daß aber in Anbetracht der bereits investierten Zeit ein dismissal nun nicht mehr angebracht sei. Die an sich falsche forum non conveniens-Entscheidung wurde deshalb bestätigt. Der Zeitablauf kann auf diese Weise die Rechtsmittel praktisch entwerten. Die Rechtsprechung hat dem Rechnung getragen durch die Zulassung der selbständigen Anfechtung der Entscheidung über die Prozeßabweisung nach forum non conveniens.[263].

b) „Zeit" kann auch bedeuten die Zeit, die noch in Zukunft zur Durchführung des Verfahrens erforderlich ist. Ob in diesem oder jenem Gerichtsland eine Sachentscheidung erfahrungsgemäß rasch oder nur nach langer Wartezeit erreicht werden kann, bietet sich als Überlegung bei der Suche nach dem geeigneten Gerichtsort an. "It hardly comports with our understanding of convenience to require a litigant to institute his suit in a jurisdiction where it might be many months before he can obtain any redress[264]." Sichere Kenntnis über die Zeitdauer eines Verfahrens vor einem ausländischen Gericht aber ist praktisch nicht möglich. Deshalb beschränkt sich der Zeitvergleich in Praxis auf die unter a) genannten Fälle, in denen der Prozeß vor dem angerufenen Gericht kurz vor dem Abschluß steht und eine Abweisung deshalb eindeutig eine erhebliche Verzögerung des Rechtsschutzes bedeuten würde.

c) Mit dem Faktor „Zeit" kann schließlich gemeint sein die Zeit, die dem Kläger angesichts drohender Verjährungsfristen für eine Klageerhebung am convenient forum noch zur Verfügung steht. Hierzu und zu der Möglichkeit, diesen Faktor durch eine Verzichtserklärung des Beklagten zu neutralisieren vgl. unter § 7 I 1b).

---

[261] Wilburn v. Wilburn, 192 A.2d 797/801 (D.C.App. 1963); vgl. Kasey v. Molybdenum Corp. of America, 408 F.2d 16/20 (9th Cir. 1969): die Tatsache, daß das Verfahren bereits 9 Jahre in 1. Instanz anhängig sei, stehe einer Verweisung nach 28 U.S.C. § 1404 (a) entgegen; Barrett, 35 Cal.L.Rev. 418.
[262] 134 N.E.2d 534.
[263] s. u. § 12.
[264] Mooney v. Denver & R.G.W.R. Co., 221 P.2d 628/648 (Utah 1950).

8. Verfahrenskonzentration

In den Bereich der Prozeßökonomie gehört auch der Faktor Verfahrenskonzentration. Bei der Suche nach dem convenient forum spielt es eine Rolle, ob

a) bereits anderswo Gerichte mit zum strittigen Sachverhaltskomplex gehörenden Rechtsstreitigkeiten befaßt sind oder ob

b) es irgendwo möglich ist, Anspruchsgegner des Klägers gemeinsam zu verklagen und so doppelte Prozeßführung zu vermeiden.

a) Doppelte Rechtshängigkeit

Auf das Problem des Doppelverfahrens im anglo-amerikanischen internationalen Prozeßrecht kann hier nicht umfassend eingegangen werden[265]. Wichtig im Rahmen dieser Darstellung ist lediglich, daß es weder in England noch in Amerika eine absolut starre Regel zur Lösung dieses Problems gibt, daß vielmehr die Umstände des Einzelfalls das letzte Wort sprechen[266]. Das läuft praktisch auf eine forum non conveniens-Abwägung zwischen den beiden Verfahren hinaus. Die Sprache der Gerichte freilich ist unterschiedlich: Einige berücksichtigen das Zweitverfahren als Faktor innerhalb der forum non conveniens-Entscheidung; andere trennen zwischen forum non conveniens und doppelter Rechtshängigkeit (lis alibi pendens), berücksichtigen aber bei der Frage, ob das Verfahren wegen lis alibi pendens ausgesetzt[267] werden soll, die Faktoren von forum non conveniens.

aa) Eine klare Unterscheidung zwischen forum non conveniens und lis alibi pendens unternahm der Supreme Court von Kalifornien in Thomson v. Continental Ins. Comp. (1967)[268].

Die Rechtshängigkeit eines nahezu identischen Rechtsstreits vor den Bundesgerichten in Texas habe „no bearing on the forum non conveniens question"; bei der Frage aber, ob das Verfahren wegen der anderweitigen Rechtshängigkeit auszusetzen sei, habe das Gericht zu prüfen „whether the rights of the parties can best be determined by the court of the other jurisdiction because of the nature of the subject matter, the availability of witnesses or the stage to which the proceedings in the other court have already advanced"[269]. Das ist die Sprache von forum non conveniens. Wenn sich die Faktoren gleichen, warum dann die

---

[265] Vgl. Ehrenzweig, Treatise, S. 125 ff.
[266] Es kommt darauf an, zu „weigh competing interests and maintain an even balance": Landis v. North American Comp., 299 U.S. 248/254 (1936).
[267] Wegen der Rechtsfolgen von forum non conveniens und lis alibi pendens siehe § 11.
[268] 427 P.2d 765/771.
[269] Ähnlich Fitch v. Whaples, 220 A.2d 170/172 (Me. 1966).

Unterscheidung? Einmal weil nach kalifornischem Recht die Rechtsfolgen unterschiedlich waren: Abweisung (dismissal) bei forum non conveniens, Aussetzung (stay) bei doppelter Rechtshängigkeit[270], zum anderen weil die Voraussetzungen für eine Aussetzung wegen doppelter Rechtshängigkeit geringer sind als für ein dismissal wegen forum non conveniens. Muß bei letzterem die Faktorenanalyse die Ungeeignetheit des angerufenen Gerichts erweisen, genügt es für lis alibi pendens, daß das andere Verfahren besser zur Rechtsfindung geeignet scheint. Einen Kläger auf ein bereits anhängiges Zweitverfahren zu verweisen, ist eher gerechtfertigt, als ihm das einzige Verfahren zu verwehren.

bb) Dasselbe Ergebnis läßt sich auch dadurch erreichen, daß man die anderweitige Rechtshängigkeit als einen gewichtigen Faktor innerhalb der forum non conveniens-Entscheidung ansieht.

In Winsor v. United Airlines, Inc. (Del.Super. 1958)[271] wies das Gericht den Kläger insbesondere deshalb wegen forum non conveniens ab, weil ein identischer Rechtsstreit zwischen den Parteien vor einem Bundesgericht in Colorado anhängig war; dadurch bestehe für den Kläger keine Gefahr der Rechtsverweigerung und forum non conveniens könne großzügiger angewandt werden[272].

Auch das englische Recht kennt nur einen gemeinsamen Abweisungsgrund für Prozesse mit oder ohne anderweitige Rechtshängigkeit: Abgewiesen oder ausgesetzt wird, wenn die Klage vexatious oder oppressive ist[273]. Diese Voraussetzung wird leichter angenommen, wenn anderswo ein Zweitverfahren anhängig ist. Deshalb behandelt die englische IPR-Literatur das „stay of proceedings" primär unter dem Gesichtspunkt des lis alibi pendens[274]. Als Ausgangsregel gilt: Ein Doppelverfahren innerhalb Großbritanniens ist prima facie vexatious, ein Verfahren in England trotz eines identischen ausländischen Prozesses dagegen ist prima facie gerechtfertigt[275]. Aber diese Vermutung kann widerlegt werden; dabei spielt die „balance of convenience" zwischen den Verfahren in England und im Ausland eine gewichtige Rolle[276].

---

[270] Vgl. § 11.
[271] 154 A.2d 561.
[272] In anderen Entscheidungen aus Delaware wurde es als Faktor gegen forum non conveniens vermerkt, daß kein anderweitiges Verfahren anhängig war: Kolber v. Holyoke Shares, Inc., 213 A.2d 444 (Del. 1965); Domingo v. States Marine Lines, 253 A.2d 78 (Del.Super. 1969).
[273] Vgl. § 4 III 2, § 5 II.
[274] z. B. Dicey - Morris (1967), S. 108 ff.; Morris, S. 80 ff. bringt die englischen forum non conveniens-Fälle im Anschluß an „lis alibi pendens" und „Foreign Jurisdiction Clauses" als „Miscellanious Cases", aus denen eine allgemeine Regel nicht abzuleiten sei.
[275] McHenry v. Lewis, 22 Ch.D. 397 (C.A. 1882).
[276] The Monte Urbasa (1953) 1 Lloyd's Rep. 587 (P.D.A.); The Soya Margareta (1960) 2 All.E.R. 756 (P.D.A.).

b) Ersparung mehrfacher Prozeßführung gegen verschiedene Beklagte

Kann der Kläger wegen eines Schadens mehrere Beklagte in Anspruch nehmen, ist es wünschenswert, daß über die Ansprüche in einem einzigen Verfahren entschieden wird. Deshalb spricht es für die Geeignetheit eines Gerichtsstandes, wenn in ihm alle Anspruchsgegner gemeinsam verklagt werden können.

Beantragt in einem Rechtsstreit mit mehreren Beklagten einer von diesen forum non conveniens, prüft das Gericht auch, wieweit im convenient forum die anderen Beklagten verklagbar sind. Das Verfahren wird nicht abgewiesen, wenn der Kläger dadurch zu mehrfacher Prozeßführung gezwungen würde, weil das neue Gericht nicht über alle Anspruchsgegner jurisdiction hat[277].

Umgekehrt ist es möglich, daß dem forum non conveniens-Antrag eines Mitbeklagten nur deshalb stattgegeben wird, weil die anderen Beklagten auf ein eindeutig geeigneteres forum hinweisen können und es sinnlos wäre, ein Teilverfahren isoliert zurückzuhalten. Deshalb gab in Pharo v. Piedmont Aviation, Inc. (N.Y.A.D. 1970)[278] das New Yorker Gericht auch dem forum non conveniens-Antrag der mitbeklagten New Yorker Gesellschaft statt, obwohl die Gesellschaft als Alleinbeklagte ein dismissal nicht hätte erreichen können: Die — noch gültige — Beschränkung der New Yorker forum non conveniens-Lehre auf nonresidents hätte das ausgeschlossen.

9. Vereinbarung eines ausländischen Gerichts

Die jurisdiction eines Gerichts kann durch Parteivereinbarung nicht ausgeschlossen werden: Das ist der Ausgangspunkt des amerikanischen — wie auch des englischen — Rechts bei der Beurteilung einer Prorogation auf ein ausländisches Gericht[279]. Ältere Entscheidungen zogen daraus z. T. den Schluß, daß solche Vereinbarungen aus Gründen der „public policy" völlig wirkungslos seien[280]. Diese Haltung war aber niemals absolut herrschend[281], und in neuerer Zeit verstärkt sich die Tendenz zu mehr

---

[277] Dietrich v. Texas National Petroleum Co., 193 A.2d 579 (Del.Super. 1963); Amercoat Corp. v. Reagent Chemical & Research, Inc., 261 A.2d 380 (N.J.Super. 1970); vgl. Buckeye Boiler Comp. v. Superior Court, 458 P.2d 57 (Cal. 1969).
[278] 310 N.Y.S.2d 120.
[279] Ehrenzweig, Treatise, S. 145 ff. mit Nachweisen und kritischer Stellungnahme zur historischen Richtigkeit dieser „non-ouster rule"; vgl. Corbin on Contracts (1951), § 1445; Reese, The Contractual Forum: Situation in the United States, 13 Am.J.Comp.L. 187 ff. (1964). Zur Entwicklung in England: Cowen – Da Costa, The Contractual Forum: Situation in England and the British Commonwealth, 13 Am.J.Comp.L. 179 ff. (1964).
[280] Nashua River Paper Co. v. Hammermill Paper Co., 111 N.E. 678 (Mass. 1916).
[281] Ehrenzweig, Treatise, S. 145 ff.

Beweglichkeit gegenüber Zuständigkeitsvereinbarungen. Man stellt sich nicht vor die harte Frage: Ist die Prorogation für das Gericht bindend oder hat sie überhaupt keine Wirkung? Das Problem heißt: Wieviel Wirkung kommt der Vereinbarung im Einzelfall zu? Zwar könne die jurisdiction nicht ausgeschlossen werden, doch bei der Entscheidung, ob das Gericht seine jurisdiction ausüben solle oder nicht, sei die Einigung der Parteien auf ein ausländisches Gericht zu berücksichtigen. Die Prorogation wurde zu einem Faktor innerhalb der forum non conveniens-Entscheidung[282].

Solange aber die Parteivereinbarung nur ein Faktor unter anderen im Rahmen von forum non conveniens ist, müssen weitere gewichtige Faktoren für einen Prozeß im vereinbarten Gerichtsland sprechen, um das vertragswidrig angerufene amerikanische Gericht zur Prozeßabweisung zu veranlassen. Bestenfalls kann die Prorogation bei einer „balance of convenience" den Ausschlag geben[283] oder einen anderen, normalerweise der Abweisung entgegenstehenden Faktor ausgleichen, etwa den der amerikanischen Staatsbürgerschaft einer Partei[284]. Die Regel aber ist das nicht: Denn eine forum non conveniens-Abweisung scheidet aus, falls der Sachverhalt irgendwelche wichtigen Beziehungen zum Gerichtsland hat, so daß dieses zur Entscheidung nicht völlig ungeeignet ist. Dann hilft dem Beklagten auch die Berufung auf die Parteivereinbarung nichts[285].

Die Unterordnung der Prorogation unter die Lehre vom forum non conveniens wurde besonders problematisch in den Fällen, in denen Parteien verschiedener Nationalität bewußt ein neutrales Gericht vereinbart hatten. Dieses mußte nach forum non conveniens-Grundsätzen meist zur Entscheidung ungeeignet sein. Eine derartige Prorogation hatte deshalb vor amerikanischen Gerichten kaum Aussicht auf Beachtung, sobald der Rechtsstreit Kontakte zu den USA aufwies[286]. Abhilfe war hier nur möglich durch Aufwertung der Parteivereinbarung zu einem selbständigen Abweisungsgrund.

Ein Schritt in diese Richtung war die Entscheidung Wm. H. Muller & Co. v. Swedish American Line, Ltd. (2d Cir. 1955)[287]; ihrzufolge ist einer

---

[282] Plum v. Tampax, Inc., 168 A.2d 315 (Pa. 1961); Hernandez v. Cali, Inc., 301 N.Y.S.2d 397 (A.D. 1969); Yerostathis v. A. Luisi, Ltd., 380 F.2d 377 (9th Cir. 1967); In Re Unterweser Reederei GmbH, 428 F.2d 888/894 (5th Cir. 1970); vgl. Leflar, Conflicts, S. 115.
[283] Hernandez v. Cali, Inc., 301 N.Y.S.2d 397 (A.D. 1969).
[284] Yukins, 20 Stanf.L.Rev. 76; in Wm. H. Muller & Co v. Swedish American Lines, Ltd., 224 F.2d 806 (2d Cir. 1955) wurde abgewiesen, obwohl die Klägerin eine New Yorker Gesellschaft war.
[285] Vgl. Carbon Black Export v. The S.S. Monrosa, 254 F.2d 297 (5th Cir. 1958).
[286] In Re Unterweser Reederei GmbH, 428 F.2d 888 (5th Cir. 1970), jetzt rev'd 407 U.S. 1 (1972).
[287] 224 F.2d 806.

Prorogation nachzugeben, solange „the agreement is not unreasonable"[288]. In dem Rechtsstreit begehrte die Klägerin, eine New Yorker Gesellschaft, Schadensersatz für den Verlust von 1000 Sack Kakaobohnen, die beim Untergang eines Frachters der beklagten schwedischen Reederei auf der Fahrt von Schweden nach New York verlorengegangen waren. Die Klägerin behauptete, das schwedische Schiff sei nicht seetüchtig gewesen. Die Parteien hatten schwedisches Recht und schwedische Gerichte vereinbart. Der Court of Appeals wies den Rechtsstreit zugunsten der schwedischen Gerichte ab: Die Vereinbarung sei frei ausgehandelt worden und nicht „unreasonable", da gewichtige Faktoren für eine Entscheidung in Schweden sprächen, insbesondere seien die Beweismittel für den Unglückshergang und die Seetüchtigkeit des Schiffes in Schweden. Daß die Befolgung der Prorogation bei dieser Sachlage als besonders fortschrittlich bewertet wurde[289], kennzeichnete vielleicht am besten die sonstige Praxis in den USA. — Die Entscheidung wurde 1967 für Fälle wie den Muller-case wieder aufgegeben[290]: Das amerikanische Haftungsrecht[291] verlange hier zwingend eine Sachentscheidung in den USA.

Die ungleichmäßige Behandlung des Prorogationsproblems in der amerikanischen Rechtsprechung — Reese bezeichnete den Rechtszustand zutreffend als „at best uncertain"[292] — führte schließlich zu einer weitgehenden Klärung durch den Supreme Court im Rechtsstreit M/S Bremen and Unterweser Reederei v. Zapata Off-Shore Company (1972)[293]. Danach ist eine frei ausgehandelte Prorogation auf ein ausländisches Gericht vom amerikanischen Richter durch Nichtausübung seiner jurisdiction zu respektieren, falls die Prorogation nicht unreasonable ist.

Der „reasonable-Test" ist weitgehend eine Umkehrung von forum non conveniens[294]: Das entgegen der Gerichtsstandsvereinbarung angerufene amerikanische Gericht lehnt die Ausübung seiner jurisdiction ab, falls der Kläger nicht nachweist, daß das prorogierte ausländische Gericht unter Abwägung aller Umstände des Einzelfalls zur Entscheidung des Rechtsstreits völlig ungeeignet ist. Eine von der amerikanischen Rechtswissenschaft immer wieder erhobene Forderung[295] scheint sich damit durchzusetzen.

---

[288] 224 F.2d 808, vgl. auch Takemura v. The S.S. Tsuneshima Maru, 197 F.Supp. 909 (S.D. N.Y. 1961); Central Contracting Co. v. C. E. Youngdahl & Co., 209 A.2d 810 (Pa. 1965); Export Ins. Co. v. Mitsui S.S. Co., 274 N.Y.S.2d 977 (A.D. 1966).
[289] Reese, 13 Am.J.Comp.L. 190.
[290] Indussa Corp. v. S.S. Ranborg, 377 F.2d 200 (2d Cir. 1967).
[291] Carriage of Goods by Sea Act (COGSA), 46 U.S.C. §§ 1301 ff.
[292] 13 Am.J.Comp.L. 192.
[293] 407 U.S. 1; vgl. dazu Nadelmann, Choice-of-Court Clauses in the United States: The Road to Zapata, 21 Am.J.Comp.L. 124 (1973).
[294] Yukins, 20 Stanf.L.Rev. 65 f.: "The very question of reasonableness is closely connected with forum non conveniens criteria."
[295] Ehrenzweig, Treatise, S. 150; Bickel, 35 Cornell L.Q. 45; Reese, 13

Zugleich beendete die Entscheidung des Supreme Court im konkreten Fall einen langen „Kampf um den Gerichtsstand" zwischen amerikanischen und englischen Gerichten[296], indem es das amerikanische Bundesrecht in Übereinstimmung mit einer bereits gesicherten Praxis des englischen Rechts brachte: Vereinbarungswidrig in England begonnene Prozesse werden nicht entschieden, es sei denn, der Kläger kann beweisen, daß aus besonderen Gründen ein Verfahren in England „just and proper" sei[297]. Ob das der Fall ist, richtet sich auch im englischen Recht nach forum non conveniens-Kriterien. Brandon, J. nannte in The Eleftheria[298] folgende Gesichtspunkte:

"a) In what country the evidence on the issues of fact is situated, or more readily available, and the effect of that on the relative convenience and expense of trial as between the English and foreign courts;

b) Whether the law of the foreign court applies and, if so, whether it differs from English law in any material respects;

c) With what country either party is connected, and how closely;

d) Whether the defendants genuinely desire trial in the foreign country, or are only seeking procedural advantages;

e) Whether the plaintiffs would be prejudiced by having to sue in the foreign court because they would —

  i) be deprived of security for that claim,

  ii) be unable to enforce any judgment obtained,

  iii) be faced with a time-bar not applicable in England, or

  iv) for political, racial, religious or other reasons be unlikely to get a fair trial."

Diese Aufstellung könnte einer amerikanischen forum non conveniens-Entscheidung entnommen sein. Aber es ist auch hier forum non conveniens mit umgekehrten Vorzeichen: Der Kläger muß nachweisen, daß das vereinbarte ausländische Gericht eindeutig zur Entscheidung ungeeignet und England demgegenüber ein convenient forum ist.

Am.J.Comp.L. 192; vgl. Wisdom, Circ. J., diss. in In Re Unterweser GmbH, 428 F.2d 888/896 ff. (5th Cir. 1970).

[296] Gekennzeichnet durch die Urteile In Re Unterweser Reederei GmbH, 428 F.2d 888 (5th Cir. 1970) und die englische Entscheidung im gleichen Rechtsstreit: Unterweser Reederei GmbH v. Zapata Off-Shore Co. (1968) 2 Lloyd's Rep. 158 (C.A.); vgl. Collins, Forum Selection and an Anglo-American Conflict — The Sad Case of the Chaparall, 20 I.C.L.Q. 550 (1971).

[297] Morris, S. 79 ff.; Cowen - Da Costa, The Contractual Forum: Situation in England and the British Commonwealth, 13 Am.J.Comp.L. 179 (1964); vgl. The Fehmarn (1957) 2 All.E.R. 707 (P.D.A.), (1958) 1 All.E.R. 333 (C.A.); Mackender v. Feldia A.G. (1967) 2 Q.B. 590; The Eleftheria (1969) 2 All.E.R. 641 (P.D.A.). Für den umgekehrten Fall, daß sich der Beklagte gegen den vereinbarten Gerichtsstand in England wehrt, siehe Unterweser Reederei GmbH v. Zapata Off-Shore Co. (1968) 2 Lloyd's Rep. 158 (C.A.).

[298] (1969) 2 All.E.R. 642/645 (P.D.A.).

10. Andere Faktoren

Die Faktoren von forum non conveniens lassen sich nicht abschließend aufzählen; der Phantasie des Einzelfalles sind keine Grenzen gesetzt. Nur auf zwei Möglichkeiten sei noch kurz hingewiesen.

a) Kostenfragen

Auf die Bedeutung der Kosten für die Erreichbarkeit des anderen Gerichts oder die Herbeischaffung von Zeugen ist bereits hingewiesen worden. Darüber hinaus können auch gebührenrechtliche Fragen relevant werden: Unter dem amerikanischen System der „contingent fees" zahlt der Kläger seinem Anwalt nur im Falle des Obsiegens Gebühren. Dem mittellosen Kläger wird dadurch die Hinzuziehung eines guten Anwalts erleichtert. Wenn in einem anderen Land „contingent fees" nicht möglich sind, kann das für arme Kläger das Prozeßrisiko ins Untragbare erhöhen. Das Fehlen von derartigen „bedingten Gebühren" kann deshalb Argument gegen ein dismissal sein[299].

b) Sitz des Anwaltsbüros

Ein Interesse des Klägers, den Prozeß durch ein bestimmtes Anwaltsbüro führen zu lassen, wird im allgemeinen nicht anerkannt. Man geht — ähnlich wie bei Sachverständigen — davon aus, daß an jedem Gerichtsort Anwälte gleicher Qualität zur Verfügung stehen. Wenn aber ein bestimmtes Anwaltsbüro auf Grund langer Beschäftigung mit dem komplizierten Sachverhalt zur Fallbearbeitung besonders geeignet scheint, kann das ausnahmsweise ein wichtiges Argument dafür sein, den Prozeß am Ort dieser Anwaltsfirma durchzuführen[300].

§ 9: Forum non conveniens als Ermessensklausel

"Wisely, it has not been attempted to catalogue the circumstances which will justify or require either grant or denial of remedy. The doctrine leaves much to the discretion of the court...[301]."

Was dem deutschen Juristen als Beginn vom Ende der Rechtssicherheit im Zuständigkeitsrecht erscheint, ist dem anglo-amerikanischen Richter ein Ausfluß der Weisheit. Richterliches Ermessen bei der Wertung der Faktoren zur Bestimmung von „inappropriate forum" kennzeichnet die

---

[299] McHugh v. Paley, 314 N.Y.S.2d 208 (S.Ct. 1970); Constructora Ordaz, N.V. v. Orinoco Mining Company, 262 F.Supp. 91 (D. Del. 1966).
[300] Starr v. Berry, 138 A.2d 44 (N.J. 1958); vgl. Cotton v. Louisville and Nashville Railroad Corp., 152 N.E.2d 385 (Ill. 1958).
[301] Gulf Oil Corp. v. Gilbert, 330 U.S. 508 (1946); vgl. McHenry v. Lewis, 22 Ch. D. 407 (C.A. 1882): "... it would be most unwise ... to lay down any definition of what is vexatious or oppressive."

Lehre vom forum non conveniens. Prozeßabweisungen, die nicht auf einer „discretionary" Abwägung der für und gegen den gewählten Prozeßort sprechenden Umstände beruhen, sind keine Anwendung von forum non conveniens[302].

„Discretion" (Ermessen) als Wesensmerkmal von forum non conveniens bedeutet:

I. Fehlen einer festen Regel

Es gibt keine feste Regel, die im einzelnen die Voraussetzungen für eine forum non conveniens-Abweisung bestimmt. Es gibt lediglich Faktoren, die der Richter bei seiner Ermessensausübung regelmäßig berücksichtigt. Und es gibt Grundnormen, die seine Entscheidung leiten: Sie besagen, ob bestimmte Tatsachen überhaupt berücksichtigt werden dürfen[303] oder umgekehrt ihrerseits die Anwendung von forum non conveniens ausschließen[304]; sie können beinhalten, daß bestimmten Tatsachen ihrer Tendenz nach geringeres oder größeres Gewicht zukommt[305]; sie bestimmen, daß dem Kläger ein anderes Gericht verfügbar sein muß[306]; sie qualifizieren schließlich forum non conveniens als eine nur in Härtefällen anzuwendende Ausnahmeregel[307].

Daß der Richter innerhalb dieser Grundregeln Ermessensfreiheit hat, heißt nicht, daß es nicht auch für ihn eine Rechtspflicht zu einer bestimmten Entscheidung geben kann. Auch der forum non conveniens-Ermessensspielraum kann schrumpfen, so daß nur eine einzige Entscheidung als richtige Ermessensausübung anerkannt wird. Das ist zunächst im „normalen" Verfahren der Fall, das so viel Kontakt zum Inland hat, daß eine Prozeßabweisung ernsthaft nicht in Frage kommt[308]. Das Ermessen kann sich aber auch zur Abweisungspflicht verdichten: "Where the balance does weigh heavily in a defendant's favor it becomes the court's duty to apply the doctrine[309]."

Man hat in solchen Fällen von „clear cases" gesprochen und ihnen die „close cases" gegenübergestellt, in denen das Gericht wirkliche Ermessensfreiheit hat[310].

---

[302] Braucher, 60 Harv.L.Rev. 912 ff.
[303] z. B. die Staatsangehörigkeit eines bestimmten Einzelstaates der USA; vgl. § 8 III 1.
[304] z. B. residence in New York; vgl. § 8 III 2 a).
[305] z. B. die Betonung der Staatsangehörigkeit der USA; vgl. § 8 III 1.
[306] Vgl. § 7.
[307] Vgl. § 10 I.
[308] Vgl. Continental Casualty Co. v. Hartford Acc. & Indemn. Co., 171 N.E.2d 68 (Ill.App. 1960).
[309] Great Northern Railway Co. v. Superior Court, 12 Cal.App.3d 105/110, 90 Cal.Rptr. 461/465 (Cal.App. 1970).
[310] Bickel, 35 Cornell L.Q. 40; Beispiele für „clear cases" unten in Anm. 316.

II. Beschränkte Bindung an Präjudizien

Im Rahmen des Ermessensspielraums gibt es keine feste Bindung an Präjudizien, denn Präjudizienbindung hieße Ausschaltung des Ermessens im Rahmen des Präjudizes[311]. Die Autorität der Präjudizien beginnt jedoch dort, wo das Ermessen endet: bei der Festlegung der Grundregeln und bei der Beurteilung eindeutiger Fallkonstellationen, in denen das Ermessen zur Rechtspflicht geschrumpft ist[312]. Darüber hinaus haben frühere Urteile die wichtige Aufgabe, auch ohne Rechtsverbindlichkeit Anhaltspunkte und Leitlinien zu schaffen für eine möglichst gleichmäßige, vorhersehbare Ausübung des Ermessens in der Zukunft[313].

III. Beschränkte Nachprüfbarkeit in höherer Instanz

„Discretion" des Gerichts heißt schließlich beschränkte Nachprüfbarkeit der forum non conveniens-Entscheidung in den oberen Instanzen. Nur wenn das erstinstanzliche Gericht seine „discretionary power" gar nicht ausgeübt[314] oder sie mißbraucht oder überschritten[315] hat, wird seine Entscheidung aufgehoben. In „clear cases" natürlich wird jede von der Überzeugung des höheren Gerichts abweichende Anordnung des trial courts als „abuse of discretion" angesehen[316].

Einige Entscheidungen höherer Gerichte scheinen aber darüber hinauszugehen. So hob der Appellate Court von Illinois in Fender v. St. Louis Southwestern Railway Company (1970)[317] die Vorentscheidung (dismissal) lediglich deshalb auf, weil er anderer Ansicht war als der Vorrichter. Er berief sich dabei nicht etwa auf einen „clear case", sondern führte aus, daß der trial court nur bei der Feststellung der Tatsachen, nicht aber deren rechtlicher Wertung mehr Möglichkeiten habe als

---

[311] The Monte Urbasa (1953) 1 Lloyd's Rep. 587/589.
[312] Bickel, 35 Cornell L.Q. 40.
[313] Vgl. dazu unten § 13 I.
[314] People v. Donovan, 195 N.E.2d 634 (Ill. 1964): Da der Vorrichter fälschlich angenommen habe, forum non conveniens scheitere schon am Fehlen von vexation und oppression, sei er zur Ausübung seines Ermessens gar nicht mehr gekommen.
[315] Charter Shipping Co., Ltd. v. Bowring, Jones & Tidy, Ltd., 281 U.S. 515 (1930); Gulf Oil Corp. v. Gilbert, 330 U.S. 512 (1946); Plum v. Tampax, Inc., 168 A.2d 315/316 (Pa. 1961); vgl. Ainsley Dunn & Co., Ltd. v. Stewart & Son, Ltd. (1969) 1 Lloyd's Rep. 49/52 (C.A. 1968); aber auch Ward v. James (1965) 1 Lloyd's Rep. 145 (C.A. 1964).
[316] "Where a strong and proper case is made out for a dismissal under forum non conveniens, a refusal of the trial court to grant the motion may represent an abuse of discretion": Southern Ry. Co. v. McCubbins, 196 So.2d 512 (Fla.App. 1967); vgl. Continental Casualty Co. v. Hartford Acc. & Indemn. Co., 171 N.E.2d 68 (Ill.App. 1960); Giseburt v. Chicago Burlington & Quincy Railroad Co., 195 N.E.2d 746 (Ill.App. 1964); Great Northern Ry. Co. v. Superior Court, 12 Cal.App.3d 105, 90 Cal.Rptr. 461 (Cal.App. 1970).
[317] 260 N.E.2d 373.

das Berufungsgericht; wenn — wie im anstehenden Fall — die Fakten feststünden, könne deshalb das höhere Gericht Ermessen in gleichem Umfang ausüben wie der Vorrichter. — Der Supreme Court von Utah verwies in Mooney v. Denver & R.G.W.R. Co. (1950)[318] den Rechtsstreit zurück zur Weiterverhandlung, weil er nicht positiv überzeugt war, daß das forum non conveniens-dismissal des trial court zu Recht ausgesprochen war.

§ 10: Die Funktion der gesetzlichen Zuständigkeitsregeln

Wenn die forum non conveniens-Lehre eine Vielzahl von Faktoren und richterliches Ermessen nach den Umständen des Einzelfalles über die Ausübung der jurisdiction entscheiden läßt, stellt sich die Frage, welche Bedeutung noch der gesetzlichen Anknüpfung für die jurisdiction zukommt. Kann sich der Kläger nicht mehr darauf verlassen, im ihm vom Gesetz angebotenen Gerichtsstand sein Recht zu finden[319]?

I. Zuständigkeitsnorm und forum non conveniens

1. Die Richtigkeitsvermutung

Die Normen über die jurisdiction begründen eine Richtigkeitsvermutung; die Vermutung, daß jeder von ihnen zur Verfügung gestellte Gerichtsstand zum Verfahren geeignet, ein forum conveniens ist. Nur in besonderen Ausnahmefällen darf der Kläger abgewiesen werden. Eine bloße Ungleichheit der „trial convenience" zwischen angerufenem und anderem Gericht genügt nicht zur Abweisung: „unless the balance is strongly in favor of the defendant, the plaintiff's choice of forum should rarely be disturbed"[320]. Es ist deshalb nicht erforderlich, die Faktoren des Einzelfalles mit — wie es ein District Judge plastisch ausdrückte[321] — Apothekerwaagen genau zu messen; erst der Ausschlag einer Viehwaage, ist man versucht zu entgegnen, zeigt an, ob eine forum non conveniens-Abweisung in Frage kommt.

Die Richtigkeitsvermutung der Norm kann freilich überlagert werden durch Vermutungen zugunsten eines anderen Gerichts. So wird sie

---

[318] 221 P.2d 628; vgl. Ramsey v. Chicago Great Western Ry. Co., 77 N.W.2d 176 (Minn. 1956).
[319] Vgl. Carter, J., diss. in Price v. Atchinson, T. & S.F. Ry. Co., 268 P.2d 457/463 (Cal. 1954): "... the holding of the majority here means, that it will never be safe for any citizen of the United States to prosecute in the courts of this state a cause of action which arose in another state or territory."
[320] Gulf Oil Corp. v. Gilbert, 330 U.S. 508 (1946); Gore v. U.S. Steel Corp., 104 A.2d 670/676 (N.J. 1954); Loftus v. Lee, 308 S.W.2d 654/661 (Mo. 1958); vgl. aber Bickel, 35 Cornell L.Q. 40, der in einigen admiralty-Fällen (Kollision, Bergungsverträge u. ä.) für Abweisung bei balance of convenience plädiert.
[321] United States v. E. I. Du Pont de Nemours & Co., 87 F.Supp. 962 (N.D. Ill. 1950).

in New York überlagert durch die Vermutung, daß ein Rechtsstreit zwischen nonresidents wegen eines Klagegrundes, der außerhalb von New York entstanden ist, im Zweifel in einem anderen Staat besser durchgeführt werden kann[322]. In England kann an die Stelle der Norm die Parteivereinbarung treten: Im Zweifel wird angenommen, daß das vereinbarte Gericht den Interessen der Parteien am besten gerecht wird[323].

2. Die Rechtsverfolgungsgarantie

Zum Grundbestand der forum non conveniens-Lehre gehört es, daß ihre Anwendung die Rechtsverfolgung des Klägers nicht gefährden darf. Hat der Kläger an einem zuständigen Gericht geklagt, soll er sicher sein, ein Sachurteil gegen den Beklagten zu erhalten.

Zwar hat der Kläger keinen Anspruch darauf, daß ihm durch forum non conveniens keinerlei Nachteile erwachsen. Schon der Zwang zur Neuklage ist eine Mehrbelastung. Hinsichtlich der „trial convenience" muß der Kläger mit Einbußen rechnen, denn es ist ja nicht allein sein Interesse am Verfahrensort, das den Ausschlag gibt[324]. Schließlich hindert es eine Prozeßabweisung nicht, daß das andere Gericht möglicherweise ein dem Kläger ungünstigeres Recht anwendet[325]. Voraussetzung für forum non conveniens aber ist, daß dem Kläger ein anderes Gericht zur Verfügung steht[326], daß dort weder eine wesentliche Erschwerung seiner Prozeßführung[327] noch materielle Rechtsverweigerung[328] zu befürchten ist und daß die Vollstreckung eines Urteils durch die Prozeßabweisung nicht gefährdet wird[329]. Durch die Anrufung eines zuständigen Gerichts gewinnt der Kläger insofern einen prozessualen Besitzstand, den forum non conveniens nicht gefährden darf. Die Möglichkeit der Rechtsverfolgung wird ihm garantiert.

3. Die Beweislastverteilung

Aus der Richtigkeitsvermutung der Zuständigkeitsnorm folgt, daß der Beklagte, der sich auf forum non conveniens beruft, die Voraus-

---

[322] Das zeigt sich bei der Beweislast; siehe Urteile in Anm. 325; auf die öffentlichen Interessen, die hinter dieser Umkehrung der Vermutung stehen, wurde in § 5 I hingewiesen.
[323] Vgl. § 8 III 9.
[324] Koster v. Lumbermens Mutual Cas. Co., 330 U.S. 524 (1946); Reep v. Butcher, 27 N.Y.S.2d 330/332 (S.Ct. 1941); Winsor v. United Airlines, 154 A.2d 561 (Del.Super. 1958).
[325] Vgl. § 8 III 5 a).
[326] Vgl. § 7.
[327] Vgl. Koster v. Lumbermens Mutual Cas. Co., 330 U.S. 524 (1946).
[328] Vgl. oben § 8 III 5 a).
[329] Vgl. oben § 8 III 6.

setzungen dafür beweisen muß[330]. Die Zuständigkeitsnormen beinhalten eine Beweislastverteilung.

Die Bedeutung der Beweislast wird in der Praxis dadurch gemindert, daß die wichtigen Faktoren Staatsangehörigkeit, residence und Handlungsort häufig nicht strittig sind. Auch trifft die Beweislast den Beklagten nicht ausnahmslos. Er braucht nicht generell nachzuweisen, daß das vom Kläger gewählte Gericht für diesen keinerlei legitime Vorteile bringe, die forum non conveniens entgegenstehen könnten. Insoweit trifft den Kläger zumindest eine Behauptungslast (i. S. eines glaubhaften Vorbringens)[331].

Die Beweislast geht vollends auf den Kläger über, wenn die Richtigkeitsvermutung des Gesetzes durch eine andere abgelöst wird und deren Voraussetzungen erwiesen sind: Einige New Yorker Urteile verlangen vom auswärtigen Kläger im Rechtsstreit gegen einen auswärtigen Beklagten den Beweis dafür, warum er nicht an einem anderen, den Parteien näherstehenden Gericht klagen könne[332]. Ebenso muß der Kläger, der entgegen einer Zuständigkeitsvereinbarung in England klagt, nachweisen, warum trotz der Prorogation die Klage in England „just and proper" ist[333].

Richtigkeitsvermutung, Rechtsverfolgungsgarantie und Beweislastverteilung zeigen, daß die Zuständigkeitsnormen in der forum non conveniens-Lehre nicht ihren Sinn verlieren. Sie bleiben die Garantie der Rechtssicherheit im Zuständigkeitsrecht.

II. Norm und forum conveniens in England (R.S.C. Ord. XI)

Die Bedeutung der gesetzlichen Zuständigkeiten innerhalb der forum non conveniens-Lehre wird besonders klar in der Gegenüberstellung zur Lehre vom forum conveniens, wie sie in England im Rahmen von R.S.C. Ord. XI[334] praktiziert wird. Auch diese will unter Berücksichtigung des Einzelfalls einen geeigneten Gerichtsstand finden helfen;

---

[330] Thomson v. Continental Insurance Co., 427 P.2d 765/771 (Cal. 1967); Zurick v. Inman, 426 S.W.2d 767/775 (Tenn. 1968); McKinney v. Houghland Towing Co., 248 N.E.2d 322/326 a. E. (Ill.App. 1969); Barrett, 35 Cal.L.Rev. 416 ff./421.

[331] Koster v. Lumbermens Mutual Cas. Co., 330 U.S. 531 (1946), siehe dagegen die dissenting opinion (S. 536): "It is the defendant's burden to convince the court that the forum is both inconvenient to it and not convenient to the plaintiff."

[332] Carey v. Southern Peru Copper Corp., 287 N.Y.S.2d 599 (A.D. 1968); Jones v. United States Lines, 318 N.Y.S.2d 557 (A. D. 1971); ebenso Pratt, Ch. J., (conc. and diss.) in Mooney v. Denver & R.G.W.R. Co., 221 P.2d 628/649 (Utah 1950). Die Beweislastumkehr in New York dürfte ihren eigentlichen Grund in der mit öffentlichen Interessen begründeten Abwehr importierter Rechtsstreite haben: Barrett, 35 Cal.L.Rev. 416; Comment, 29 Univ.Chic.L.Rev. 749 f. (1961 - 62).

[333] Vgl. oben § 8 III 9.

[334] Überblick über die Fallgruppen von Ord. XI bei Dicey - Morris, S. 185 ff.

sie verwendet dazu feste Normen, die sie mit denselben Faktoren verbindet, wie wir sie bei forum non conveniens kennengelernt haben; auch sie schließlich überläßt die Entscheidung über den Prozeßort dem Ermessen des Richters.

Der Unterschied zwischen beiden Lehren liegt im Verhältnis von Norm und Einzelfaktoren: Sah forum non conveniens die factors als Gegenpole der gesetzlichen Zuständigkeitsregelung — geeignet, die Norm im Einzelfall zu beschränken — so sind sie für das englische forum conveniens Komponenten der Norm, notwendig, um der gesetzlichen Regelung im Einzelfall Geltung zu verschaffen.

1. An die Ausgangslage in England sei noch einmal erinnert[335]: Jurisdiction in personam wurde begründet durch Zustellung des „writ" im Inland; wie in den USA war Anwesenheit des zu Verklagenden notwendig und ausreichend. Während aber in den USA die Enge der transient rule durch Ausdehnung der gesetzlichen Zuständigkeit (quasi in rem jurisdiction, long-arm statutes) überwunden wurde, ging England einen anderen Weg. Der Common Law Procedure Act von 1852[336] führte die „assumed jurisdiction" ein: Das englische Recht kann „service of a writ" oder „notice of a writ" außerhalb Englands erlauben — und damit jurisdiction ermöglichen, wenn

a) ein gesetzliches Anknüpfungsmerkmal verwirklicht ist und außerdem

b) England unter Abwägung aller Umstände des Einzelfalls zur Sachentscheidung geeignet ist.

2. Heutige Rechtsgrundlage ist R. S. C. Ord. XI[334], deren rule 1 die gesetzlichen Anknüpfungsmerkmale aufzählt, bei deren Vorliegen das Gericht jurisdiction annehmen (assume) darf: „... service of a writ or notice of a writ, out of the jurisdiction[337] is permissible with the leave of the Court in the following cases..." — es folgen die Anknüpfungen, u. a.

c) domicile oder ordinary residence des zu Verklagenden in England;

f) bei Vertragsstreitigkeiten (i) Vertragsschluß in England, (ii) Anwendbarkeit englischen Rechts;

g) der Ort des Vertragsbruches (breach of contract);

h) bei tort-actions der Handlungsort.

Diese Anknüpfungen aber begründen noch keine jurisdiction, sie machen die Zustellung des writ lediglich „permissible with the leave

---

[335] Vgl. oben § 4.
[336] 15 & 16 Vict. ch. 76; zur Entwicklung siehe Lenders v. Anderson (1883) 12 Q.B.D. 50; Drummond v. Drummond (1866) L.R. 2 Ch. 32 (C.A.).
[337] „Jurisdiction" meint hier den räumlichen Jurisdiktionsbereich, d. i. für den High Court of Justice ganz England.

of the Court", und gemäß rule 4(2) wird die Erlaubnis nicht erteilt, „unless it shall be made sufficiently to appear to the Court that the case is a proper one for service out of the jurisdiction... ". Ein „proper case" aber liegt dann vor, wenn England unter Berücksichtigung aller Umstände des Einzelfalls ein forum conveniens ist[338].

Die Entscheidung trifft das Gericht nach richterlichem Ermessen: jurisdiction unter Ord. XI ist „discretionary jurisdiction"[339]. Als Richtlinie dafür gilt noch immer, was Richter Pearson 1885 im Rechtsstreit Société Générale de Paris v. Dreyfus Brothers[340] schrieb: „... of course it becomes a very serious question, whether or not ... it is necessary for the jurisdiction of the Court to be invoked, and whether this Court ought to put a foreigner to the inconvenience and annoyance of being brought to contest his rights in this country, and ... this Court ought to be exceedingly careful before it allows a writ to be served out of the jurisdiction".

Während der Richter bei forum non conveniens sich im Regelfall mit der gesetzlichen Zuständigkeit zufrieden geben darf — denn sie hat die Richtigkeitsvermutung für sich —, beginnt unter Ord. XI die Arbeit des Gerichts erst, wenn die gesetzliche Anknüpfung erfüllt ist. Diese ist nur Ausgangspunkt; ihr Vorliegen besagt, daß sich weitere Überlegungen über einen Prozeß in England verlohnen.

Der Unterschied zeigt sich in der Beweislast. Bei forum non conveniens ist es der Beklagte, der die Ungeeignetheit des Gerichts belegen muß. Bei Ord. XI dagegen gehören die auf England hinweisenden Umstände des Einzelfalls zur Voraussetzung der jurisdiction, die der Kläger zu beweisen hat:

Im Rechtsstreit Chaney v. Murphy (1948)[341] war der Kläger, ein englischer Rechtsanwalt, von den Bahamas — damals englische Kolonie

---

[338] Rosler v. Hilbery (1925) 1 Ch. 250/254, 259, 263 (Ch./C.A. 1924); In Re Schintz (1926) 1 Ch. 710/720 (C.A.); Oppenheimer v. Rosenthal & Co. A.G. (1937) 1 All.E.R. 23 (C.A. 1936); Cordova Land Co., Ltd. v. Victor Brothers, Inc. (1966) 1 W.L.R. 793/802 (Q.B.D. 1964). Siehe allgemein Inglis, 13 Am.J.Comp.L. 583; ders. 81 L.Q.R. 380.
[339] Rosler v. Hilbery (1925) 1 Ch. 250/259 (C.A. 1924); Oppenheimer v. Rosenthal & Co. A.G. (1937) 1 All.E.R. 23/25 (C.A. 1936); The Metamorphosis (1953) 1 All.E.R. 723/728 (P.D.A.); vgl. Wolff, Priv.Int.Law (1950), S. 67 ff.; Dicey - Morris, S. 186. Zu Mißverständnissen konnte eine Formulierung von Slessar, L. J., in Oppenheimer v. Rosenthal & Co. A.G., S. 26 führen: "... forum conveniens being a matter of principle not a matter of discretion" (darauf beruft sich Inglis, 13 Am.J.Comp.L. 584); Slessar selbst hat sich jedoch berichtigt: (1937) 1 All.E.R. 215; danach muß es richtig heißen: "In this case the criticism of the alleged foreign forum raises a question of principle, and is not one merely of convenience which might be solely a matter of discretion."
[340] 29 Ch.D. 239/242; die Entscheidung wurde aufgehoben auf Grund veränderter Umstände in 37 Ch.D. 215 (C.A. 1887).
[341] 64 T.L.R. 489 (C.A.).

— ausgewiesen worden. Er behauptete, die Mitglieder des verantwortlichen Executive Council hätten ihn auf diese Weise daran hindern wollen, sich als Anwalt auf den Bahamas zu betätigen. Als später zwei der Mitglieder des Council vorübergehend in England waren, verklagte sie Chaney u. a. auf Schadensersatz; das writ wurde in England zugestellt. Zugleich beantragte Chaney bezüglich der anderen acht Mitglieder des Council „service out of the jurisdiction" gemäß Ord. XI rule 1. Die in England verklagten Mitglieder beantragten ihrerseits „stay of proceedings", da die Klage gegen sie „vexatious" und ein „abuse of process" sei; sie beriefen sich damit auf die englische Version von forum non conveniens[342]. Der Court of Appeal bestätigte die Entscheidung des Vorrichters: Ein „stay" des Verfahrens gegen diejenigen Beklagten, die Chaney „was able to catch in this country"[343], wurde abgelehnt; die Beklagten hätten nicht beweisen können, daß die Klage vexatious or oppressive sei. Andererseits aber wurde es dem Kläger versagt, die anderen Beklagten in das Verfahren einzubeziehen; hier müsse nämlich er beweisen, daß ein Prozeß ausgerechnet in England erforderlich sei. Dies sei ihm nicht gelungen[344].

Aber nicht nur die Beweislast scheidet Ord. XI und forum conveniens vom service im Inland und forum non conveniens. Heißt es bei Ord. XI, das Gericht müsse „exceedingly careful" sein, „to put a foreigner to the inconvenience and annoyance of being brought to contest his rights in this country"[345], so heißt es nach einem service im Inland: "The right of access to the King's Court must not lightly be refused[346]."

Eine Prozeßabweisung im service in England-Fall scheidet deshalb aus, sobald das englische Verfahren im Vergleich zum ausländischen dem Kläger irgendwelche rechtlich anzuerkennenden Vorteile bringen würde[347]. Um dagegen England zum forum conveniens für einen Prozeß

---

[342] Vgl. oben § 4 III 2, § 5 II.
[343] 64 T.L.R. 492.
[344] Die entscheidenden Sätze lauten (64 T.L.R. 492 r. Sp.): "In the first appeal [forum non conveniens] the burden lay on the two defendants to show sufficient grounds for staying an action..., the writ in which has been properly served within the jurisdiction. In this appeal [Ord. XI] it is for the plaintiff to show that he ought to be allowed to bring before the English Courts defendants who are out of the jurisdiction and can, therefore, only be made subject to process by leave." Diese Entscheidung widerlegt die Auffassung von Inglis (vgl. Aufsätze in Anm. 338), der im Bestreben, eine einheitliche forum conveniens-Lehre in England für service in und out of the jurisdiction nachzuweisen, jede praktische Bedeutung des Beweislastunterschieds leugnet: „nothing can be made of any question of onus of proof", 13 Am.J.Compl.L. 591. Die Beweislast war auch ausschlaggebend in Maharanee of Baroda v. Wildenstein (1972) 2 Q.B. 283.
[345] Société Générale de Paris v. Dreyfus Brothers, 29 Ch.D. 239/242 (1885).
[346] St. Pierre v. South American Stores (1936) 1 K.B. 392/398.
[347] Thornton v. Thornton, 11 P.D. 176 (C.A. 1886); The Atlantic Star (1972) 3 W.L.R. 746, insbes. 758. Eine solche Rechtsprechung muß sich mit dem Problem des „forum shopping" konfrontieren lassen. Ob hier die Antwort von Lord Denning, M. R., in The Atlantic Star, S. 748 befriedigen kann, mag immer-

gegen einen auswärtigen Beklagten zu machen, ist mehr erforderlich: Erleichterung der Beweisführung und der Urteilsvollstreckung wurden in Chaney v. Murphy nicht als genügend zum „service out of the jurisdiction" angesehen[348]. Mit anderen Worten: Nicht jedes Gericht, das unter Ord. XI kein forum conveniens ist, wäre — auch bei unbestrittenem Sachverhalt — im service in England-Fall ein forum non conveniens.

§ 11: Die Entscheidung des Gerichts

Ergibt die Konfrontation von Zuständigkeitsnorm und Einzelfaktoren in der Ermessensentscheidung des Richters, daß er im Vergleich zu einem ausländischen Gericht zur Entscheidung des Rechtsstreits eindeutig ungeeignet ist, bleibt die Frage zu beantworten, wie der Rechtsstreit vor das geeignete Gericht gebracht werden kann. Welche Anordnung trifft das Gericht, das sich als forum non conveniens ansieht?

Im zwischenstaatlichen Bereich — sei es international oder zwischen den insoweit selbständigen Einzelstaaten der USA — ist eine Verweisung von Gericht zu Gericht nicht möglich, solange sie nicht durch Vertrag oder — in den USA[349] — übergeordnete Gesetzgebung besonders eingeführt wird. Bis dahin kann das zunächst angegangene Gericht nur seinerseits den Rechtsstreit aussetzen oder abweisen; der Kläger muß vor dem „appropriate forum" neu klagen und abwarten, ob seine Klage hier angenommen wird[350].

I. Stay of proceedings (Aussetzung des Verfahrens)

Die Aussetzung des Verfahrens als Reaktion auf forum non conveniens hätte den Vorteil, daß der Prozeß zunächst noch anhängig bleibt und fortgesetzt werden könnte, falls das auswärtige Verfahren scheitern sollte.

---

hin fraglich sein: "You may call this 'forum shopping' if you please, but if the forum is England, it is a good place to shop in, both for the quality of the goods and the speed of service."
[348] 64 T.L.R. 493 r. Sp.
[349] Die Verweisung aus forum non conveniens-Gründen gibt es in den USA als „change of venue" innerhalb verschiedener Einzelstaaten (vgl. oben § 4 II 3) und unter den unteren Bundesgerichten gemäß 28 U.S.C. § 1404.
[350] Neuhaus, RabelsZ 20 (1955), 260 bezeichnet diesen Vorgang als internationale Verweisung; zu Unrecht, denn ihm fehlt der für die Verweisung typische nahtlose Übergang des Verfahrens auf das andere Gericht, das Anhängigbleiben des Rechtsstreits. Auch andere Autoren des internationalen Prozeßrechts sprechen von Zuständigkeitsverweisung, vgl. Schröder, S. 789 ff.; erörtert wird unter diesem Stichwort die Frage, wieweit das inländische Gericht seine eigene Zuständigkeit und die Bestimmung des anwendbaren Sachrechts auch auf ausländische Zuständigkeitsnormen (Beurteilungsregeln) stützen kann.

„Stay of proceedings" wurde verfügt in den englischen Urteilen Logan v. Bank of Scotland (1905) und in Re Norton's Settlement (1903)[351]. Es ist die einzig zulässige Entscheidung nach dem forum non conveniens-statute von Wisconsin[352]; das kalifornische statute[353] nennt die Aussetzung als gleichberechtigte Möglichkeit neben der Prozeßabweisung (dismissal).

In der allgemeinen amerikanischen forum non conveniens-Judikatur dagegen wird ein Verfahren nur ausgesetzt, wenn anderswo bereits ein Parallelverfahren (lis alibi pendens) anhängig ist und diesem über die forum non conveniens-Entscheidung der Vorrang eingeräumt werden soll[354].

II. Dismissal (Prozeßabweisung) und conditional dismissal

Die „normale" forum non conveniens-Entscheidung weist den Prozeß ohne Sachurteil ab (dismissal without prejudice) und überläßt es dem Kläger, am convenient forum erneut sein Glück zu versuchen.

Es liegt auf der Hand, daß dies Verfahren für den Kläger schwerwiegende Folgen haben kann — bis hin zur vollständigen Rechtsverweigerung, wenn etwa im appropriate forum die Klage aus formalen Gründen abgewiesen wird und inzwischen im Erstgerichtsland die Verjährungsfrist abgelaufen ist.

Die Reaktion der Gerichte auf diese Gefährdung des klägerischen Rechtsschutzes ist unterschiedlich: Einige Entscheidungen lehnen eine Abweisung eines Rechtsstreites ab, wenn nicht feststeht, daß der Kläger am neuen Gerichtsort keinerlei Schwierigkeiten mit der jurisdiction des Gerichts und der dortigen Verjährungsfrist haben werde[355]. Diese Rechtsprechung muß zu einer Einschränkung der Anwendbarkeit der Lehre vom forum non conveniens führen.

In einigen Staaten der USA versuchen die Gerichte deshalb, das Risiko für den Kläger dadurch zu verringern, daß sie den Rechtsstreit nur bedingt abweisen. Diese Praxis des „conditional dismissal" wird

---

[351] (1906) 1 K.B. 141 (C.A.) und (1908) 1 Ch. 471 (C.A.).
[352] W.S.A. 262.19 (1), Text im Anhang B II.
[353] Code of Civil Procedure § 410.30, Text im Anhang B I 1.
[354] Winsor v. United Airlines, Inc., 154 A.2d 561 (Del.Super. 1958); „stay of proceedings" ist die regelmäßige Reaktion auf lis alibi pendens; vgl. Ehrenzweig, Treatise, S. 125 ff., Thomson v. Continental Insurance Co., 427 P.2d 765/771 (Cal. 1967).
[355] Anderson v. Delaware L. & W.R. Co., 11 A.2d 607 (N.J. Cir. 1940) bezüglich Verjährung; Hill v. Upper Mississippi Towing Corp., 89 N.W.2d 654 (Minn. 1958) bezüglich jurisdiction. Eine Äußerung in Price v. Atchinson, 268 P.2d 457/462 (Cal. 1954), wonach der Kläger, der ein forum non conveniens angerufen habe, auch das Risiko eines Rechtsverlustes durch Prozeßabweisung tragen müsse, blieb vereinzelt. Vgl. oben § 10 I 2.

insbesondere in verschiedenen jüngeren Entscheidungen aus New York[356] und New Jersey[357] gehandhabt; conditions sind ferner ausdrücklich vorgesehen in forum non conveniens-statutes von Wisconsin und Kalifornien[358].

Im Rechtsstreit Jones v. United States Lines, Inc. (N.Y.A.D. 1971)[359] sah das Gericht Florida (residence des Klägers) und Georgia (Unfallort) als mögliche appropriate fora an. Es gab dem Abweisungsantrag der beklagten Gesellschaft statt „on the condition that within ten days ... nach Zustellung ... defendant stipulates ... to accept service of process nunc pro tunc as of the date the action herein was commenced and to appear in any action brought against it in the appropriate courts of either Florida or Georgia (as determined by plaintiff) for the same relief as demanded in the complaint herein, and that it will not plead the statute of limitations as a defense ... ". Dem Beklagten aber ist es nicht zumutbar, sich in dieser Weise einem anderen Gericht zu unterwerfen und dann zu warten, ob und wann der Kläger dort klagt; deshalb setzt das Gericht auch dem Kläger eine Frist: "The action in either Georgia or Florida is to be instituted within three months after the entry of the order hereon and compliance by the defendant with the condition imposed."

Unterwerfung des Beklagten und Verzicht auf limitation sind gesetzliche Voraussetzung für forum non conveniens in Wisconsin[360].

Das conditional dismissal kann nicht nur dazu dienen, dem Kläger die Sicherheit zu geben, am appropriate forum klagen zu können. Es können beliebige Bedingungen angeordnet werden, um Ausgleich dafür zu schaffen, daß der Kläger neu klagen muß, obwohl er bereits ein zuständiges Gericht angerufen hatte. So kann die Bedingung vorsehen, daß der Beklagte dem Kläger am neuen Klageort die gleichen Vollstreckungsmöglichkeiten verschafft, wie sie am Erstgericht bestanden, daß er dem Kläger die Kosten des Erstprozesses oder die Kosten für die Fahrt zum neuen Gerichtsort und dortigen Aufenthalt ersetzt[361]. Die kalifornische

---

[356] Aetna Ins. Co. v. Creole Petroleum Corp., 275 N.Y.S.2d 274 (A.D. 1966); Pharo v. Piedmont Aviation, Inc., 310 N.Y.S.2d 120 (A.D. 1970); Jones v. United States Lines, 318 N.Y.S.2d 557 (A.D. 1971).
[357] Vargas v. A. H. Bull Steamship Co., 131 A.2d 39 (N.J.Super. 1957), 135 A.2d 857 (N.J. 1957); O'Brien v. Virginia Carolina Chemical Corp., 206 A.2d 878 (N.J. 1964); vgl. ferner Wilburn v. Wilburn, 192 A.2d 797 (D.C.App. 1963) und für die Bundesgerichte Canada Malting Co., Ltd. v. Paterson Steamships, Ltd., 285 U.S. 413 (1932); Stevenson v. United States, 197 F.Supp. 355 (M.D. Tenn. 1961).
[358] s. Anm. 352 f.
[359] 318 N.Y.S.2d 557.
[360] s. Anm. 352; eine umfangreiche Regelung dieser beiden Bedingungen enthielt der kalifornische forum non conveniens-Entwurf von 1953 (Senate Bill Nr. 1960), Text im Anhang B I 2.
[361] z. B. The City of Agra, 35 F.Supp. 351 (S.D. N.Y. 1940); Kapatsos v. M/V Barlby, 238 F.Supp. 654 (E.D. La. 1965); Poulos v S.S. Ionic Coast, 264 F.Supp.

forum non conveniens-Vorschrift erlaubt ausdrücklich „any conditions that may be just".

So kann das „conditional dismissal" ein Ausgleich für die fehlende Verweisungsmöglichkeit sein: Die — z. Z. allein mögliche — Prozeßabweisung wird unter Bedingungen ausgesprochen, die die Parteien annähernd so stellen sollen, wie sie bei einer Verweisung stehen würden. Eine völlige Gleichstellung freilich wird nicht erreicht, da ein nahtloser Fortgang des Verfahrens nicht stattfindet[362].

§ 12: Rechtsmittel gegen die forum non conveniens-Entscheidung

Auf die beschränkte Nachprüfbarkeit der forum non conveniens-Ermessensentscheidung des trial courts durch die Rechtsmittelgerichte wurde bereits hingewiesen[363]. Hier geht es daher nur noch darum, wieweit die Parteien ein Rechtsmittelverfahren überhaupt einleiten können.

Kein Problem ist die den Prozeß abweisende Entscheidung: Sie beendet das Verfahren und ist daher als Endurteil „appealable". Anders dagegen ist es, wenn der Beklagte eine forum non conveniens ablehnende Entscheidung anfechten will. Eine solche Entscheidung beendet den Prozeß nicht, ist nur eine Zwischenentscheidung. Derartige „interlocutory orders" sind i. d. R. nicht selbständig anfechtbar. Die Rechtsprechung hat aber dem Bedürfnis nach frühzeitiger Nachprüfung Rechnung getragen. Sie hat in einigen Staaten die ein dismissal ablehnende Zwischenentscheidung für ausnahmsweise direkt anfechtbar erklärt, da sie über wesentliche prozessuale Rechte des Beklagten endgültig entscheide[364]; andere Gerichte haben zur Nachprüfung das „writ of mandamus" zugelassen, mit dem ein höheres Gericht die untere Instanz außerhalb des normalen Rechtsmittelverfahrens (appeal) zu bestimmten Maßnahmen anweisen kann[365].

---

237 (E.D. La. 1967); sollte forum non conveniens an Sachrechtsunterschieden (vgl. oben § 8 III 5 a) scheitern, hat Yukins, 20 Stanf.L.Rev. 81, auch dafür das dismissal unter der Bedingung, daß sich der Beklagte dem gewünschten Sachrecht unterwirft, vorgeschlagen.
[362] Braucher, 60 Harv.L.Rev. 939, meint dennoch, ein conditional dismissal könne eventuell die Verweisung im internationalen Prozeß überflüssig machen. Zum Unterschied zwischen Verweisung nach 28 U.S.C. § 1404 (a) — s. o. S. 38 — und forum non conveniens-dismissal vgl. Norwood v. Kirkpatrick, 349 U.S. 29 (1955), sowie Parsons v. Chesapeake & Ohio Ry. Co., 375 U.S. 71 (1963).
[363] § 9 III.
[364] States Marine Lines v. Domingo, 269 A.2d 223 (Del. 1970); vgl. Semanishin v. Metropolitan Life Ins. Co., 218 A.2d 401 (N.J. 1966); Southern Railway Comp. v. McCubbins, 196 So.2d 512 (Fla.App. 1967); Pharo v. Piedmont Aviation, Inc., 310 N.Y.S.2d (A.D. 1970); Silver v. Great American Ins. Co., 316 N.Y.S.2d 186 (A.D. 1970).
[365] St. Louis-San Francisco Ry. Co. v. Superior Court, 290 P.2d 118 (Okl. 1955); State ex rel. Great N.Ry. v. District Court, 365 P.2d 512 (Mont. 1961); vgl.

Der Supreme Court von Mississippi allerdings lehnte in Illinois Central Railroad v. Moore (1968)[366] beide Möglichkeiten ab. Wenn der trial court den Prozeß nicht abweise, müsse der Beklagte die Sachentscheidung abwarten; erst dann könne er mit dem Endurteil auch die forum non conveniens-Entscheidung anfechten. Das läuft praktisch auf Rechtsmittelverweigerung hinaus, denn nach abgeschlossenem trial besteht kaum Aussicht, noch eine Verfahrensabweisung zu erreichen[367].

§ 13: Forum non conveniens in der Kritik

Kritik gegenüber der Lehre vom forum non conveniens ist nicht ausgeblieben. Doch gilt es zu unterscheiden zwischen Kritik an der gegenwärtigen Praxis der Gerichte und Kritik am Grundsatz selbst. Während erstere vielfach angegriffen wird, ist die Nützlichkeit des Ermessensspielraums kaum umstritten.

I. Kritik an der Praxis — Befürwortung der Lehre

Ehrenzweig sprach vom „chaos of forum non conveniens"[368] und gab damit der Meinung vieler Kritiker, die Praxis des forum non conveniens zeichne sich durch ein zu hohes Maß an Rechtsunsicherheit aus[369], einen plastischen Ausdruck. Und in der Tat kann von Einheitlichkeit in der Rechtsprechung nicht gesprochen werden.

Unter den Einzelstaaten der USA, die die Lehre anerkennen, herrscht Uneinigkeit in wichtigen Einzelfragen: Dient forum non conveniens vornehmlich öffentlichen Belangen oder Parteiinteressen? — Ist Böswilligkeit des Klägers Voraussetzung für ein dismissal oder nicht? Welche Bedeutung haben die einzelnen Faktoren, insbesondere der Wohnsitz (residence) der Beteiligten? Welche Voraussetzungen muß das convenient forum erfüllen? Ist ein conditional dismissal zulässig oder nicht? — Keine dieser Fragen wird einheitlich beantwortet.

Aber auch innerhalb der einzelnen Staaten herrscht — wenn nicht Chaos — so doch Unsicherheit. Dokumentiert wird dies durch einen hohen Prozentsatz an Entscheidungsaufhebungen. Etwa die Hälfte der Rechtsmittelverfahren endet mit der Aufhebung der Vorentscheidung[370] — trotz der auf Ermessensmißbrauch beschränkten Nachprüfbarkeit.

Goodwine v. Superior Court, 407 P.2d 1 (Cal. 1965); People v. Donovan, 195 N.E.2d 634 (Ill. 1964); State of Missouri v. Riederer, 454 S.W.2d 36 (Mo. 1970).
[366] 215 So.2d 419.
[367] Vgl. oben § 8 III 7.
[368] Treatise, S. 150.
[369] Bickel, 35 Cornell L.Q. 19; Schlesinger, 9 J.Pub.L. 323 f.; Yukins, 20 Stanf.L.Rev. 60, 63.
[370] Die Angaben sind das Ergebnis einer Sichtung von 68 neueren state court-Entscheidungen in Rechtsmittelverfahren.

Das möchte hingehen, wenn die Aufhebungen eine bestimmte klärende Tendenz aufwiesen zugunsten oder gegen ein dismissal, aber auch hier halten sich die Entscheidungen die Waage[370]. So wird man der Kritik darin recht geben müssen, daß es den Obergerichten bisher nicht gelungen ist, den trial courts genügend klare Maßstäbe an die Hand zu geben.

Über die Bemängelung der Rechtsunsicherheit hinaus ist Kritik an einzelnen Merkmalen der gegenwärtigen Rechtsprechung weitgehend ausgeblieben[371]. Man verlangt allenfalls mehr Flexibilität: Das gilt einmal für die Abwägung der Faktoren; die Überbewertung der residence ist angegriffen worden. *Schlesinger* sprach von „unjustifiable discrimination in favor of local plaintiffs"[372].

Mehr Flexibilität wird zum anderen verlangt für den Inhalt der Entscheidung. Durch verstärkten Gebrauch von Verfahrensaussetzung und bedingter Abweisung sollen den Umständen des Einzelfalls und dem Schutzbedürfnis des Klägers mehr Rechnung getragen werden[373]. — Trotz „chaos of forum non conveniens" also der Wunsch nach mehr Beweglichkeit in der Praxis.

Aus den Mängeln in der forum non conveniens-Praxis wird nämlich nicht der Schluß gezogen, die Lehre an sich sei unbrauchbar. Zwar wurde sie teilweise gegen heftigen dissent eingeführt[374] und im Staat Washington durch einstimmiges Urteil als grundsätzlich ungeeignet zur Lösung der Zuständigkeitsproblematik abgelehnt[375], da sie für Gericht (Entscheidung über die „conveniences") und Parteien (Rechtsunsicherheit) mehr Probleme schaffe als löse. Die wissenschaftliche Kritik dagegen beklagt als Folge der Unsicherheit gerade die zu geringe Anwendung der Doktrin[376], die vom Ansatz her die beste Möglichkeit biete, das Dilemma der jurisdiction zwischen einem Zuviel und einem Zuwenig an Gerichtsständen zu beseitigen[377]. Daß starre Normen allein

---

[371] Vgl. Bickel, 35 Cornell L.Q. 19: "... the consequence of this situation has not been any great miscarriage of justice..."; zu einzelnen Entscheidungen freilich hat es heftigen dissent gegeben; Carey v. Southern Peru Copper Corp., 287 N.Y.S.2d 599 (A.D. 1968); Rini v. New York Central Railroad Co., 240 A.2d 372 (Pa. 1968).
[372] 9 J.Pub.L. 323.
[373] Barrett, 35 Cal.L.Rev. 421; Braucher, 60 Harv.L.Rev. 931 f.; Developments — Jurisdiction, 73 Harv.L.Rev. 1012 f.; Yukins, 20 Stanf.L.Rev. 457.
[374] Siehe die diss. opinions in Gulf Oil Corp. v. Gilbert, 330 U.S. 501 (1946) und in Price v. Atchinson, T. & S.F. Ry. Co., 268 P.2d 457 (Cal. 1954).
[375] Lansverk v. Studebaker-Packard Corp., 338 P.2d 747 (Wash. 1959); dazu Trautman, P. A., 35 Wash.L.Rev. 88 (1960); das Lansverk-Urteil ist das einzige, das forum non conveniens als unzweckmäßig ablehnt. Die anderen Gerichte, die sich mit der Lehre befaßten und sie nicht annahmen, ließen die Entscheidung entweder offen oder beriefen sich auf entgegenstehendes Gesetzesrecht; vgl. Anm. 80 f.
[376] Bickel, 35 Cornell L.Q. 33, 39 f.
[377] Dainow, 29 Ill.L.Rev. 888 f.; Barrett, 35 Cal.L.Rev. 385 f.; Developments — Jurisdiction, 73 Harv.L.Rev. 1016; Schlesinger, 9 J.Pub.L. 322 ff.; Leflar, 9

dazu nicht ausreichen, ist gemeinsamer Ausgangspunkt dieser Auffassung; ein Ermessensspielraum zur Berücksichtigung von Einzelfällen sei notwendig[378].

II. Forum non conveniens und Rechtssicherheit

Wer Ermessen im Zuständigkeitsrecht vertritt, muß sich mit dem Problem der Rechtssicherheit auseinandersetzen. Das besonders, wenn mit forum non conveniens eine Lehre befürwortet wird, die sich in der gegenwärtigen Praxis durch ein hohes Maß an Rechtsunsicherheit auszeichnet.

1. Erhöhung der Rechtssicherheit innerhalb von forum non conveniens

"If legal scholars are willing to devote some time and effort to the task the present chaos of forum non conveniens can be replaced by a flexible and yet systematic body of doctrine[379]." — Man hofft also auf größeren Einklang der Gerichtsentscheidungen, wenn sich Wissenschaft[380] und Obergerichte verstärkt um die Ausarbeitung klarer Grundregeln und vor allem sicherer Ausgangswertungen für die Ermessensentscheidung der trial courts bemühen würden[381].

2. Rechtsunsicherheit auch bei festen Normen

Trotz besserer Anleitung für die Ermessensausübung wird Rechtsunsicherheit bleiben; ein Bereich, in dem erst nach der Entscheidung des Richters feststeht, ob das Gericht zur Sache entscheidet oder nicht. Aber, so wird gesagt, auch feste Normen böten Rechtssicherheit nur in Annäherung; Auslegungsschwierigkeiten könnten gleichfalls zur Un-

---

J.Pub.L. 290 f.; Thomson, 16 Wayne L.Rev. 1162 ff.; zu Ehrenzweigs Befürwortung der Lehre s. o. S. 80 sowie die folgende Anm.

[378] Neben den Hinweisen in Anm. 417: Foster, 44 Harv.L.Rev. 51 f.; Bickel, 35 Cornell L.Q. 38 f.; v. Mehren - Trautman, 79 Harv.L.Rev. 1173 ff.; kritisch dagegen De Winter, Excessive Jurisdiction in Priv.Int.Law, 17 I.C.L.Q. 706/719 (1968); warnend vor zuviel discretion Ehrenzweig - Louisell, S. 252 f.; vgl. aber Ehrenzweig, Ehrenzweig in Reply, 9 J.Pub.L. 328/336 (1960): "We may have to concede ... that ... the essence of the doctrine must remain the judge's discretion." Zur Einordnung dieses Ermessens in die allgemeine Entwicklung des amerikanischen Zivilprozesses: Weinstein, Trends in Civil Practice, 62 Col.L.Rev. 1431 ff. (1962).

[379] Schlesinger, 9 J.Pub.L. 326.

[380] Es fällt auf, daß es neben verschiedenen Aufsätzen, zumeist vom Ende der 40er Jahre, keine umfassende wissenschaftliche Analyse der forum non conveniens-Lehre gibt.

[381] Siehe außer Schlesinger (Anm. 379) Bickel, 35 Cornell L.Q. 39 ff.; Developments — Jurisdiction, 73 Harv.L.Rev. 1016. Zur rechtlichen Verfestigung des Ermessens vgl. Engish, Die Idee der Konkretisierung in Recht und Rechtswissenschaft unserer Zeit (1968); Esser, Ermessensfreiheit und Billigkeitsspielraum des Zivilrichters (1964), Vorwort S. 17.

vorhersehbarkeit der Entscheidung führen[382]. Aus diesem Grunde sei das Gefälle an Rechtssicherheit von fester Norm zu Ermessensentscheidung geringer als es auf den ersten Blick scheinen möge.

3. Rechtsunsicherheit als Zwang zum geeigneten Gerichtsstand

Ein Weniger an Rechtssicherheit für den Kläger durch Einführung von Ermessen im Zuständigkeitsbereich wird jedoch nicht geleugnet. Diese Rechtsunsicherheit aber sei nicht unvermeidbar: Der Kläger habe ja die Wahl zwischen verschiedenen Gerichtsständen, von denen einige immer unangreifbar seien. Wenn er dann ein Gericht auswähle, das so wenig Kontakt zum Rechtsstreit habe, daß forum non conveniens in Frage komme, so dürfe er sich über die Unsicherheit nicht beklagen[383]. Eine verstärkte Anwendung von forum non conveniens könne dazu beitragen, daß die Kläger bei der Wahl des Gerichts sorgfältiger würden und schon von sich aus nur forum non conveniens-feste, d. h. geeignete Gerichte anriefen[384].

4. Die Wertentscheidung zugunsten der Rechtsunsicherheit

Trotz allem bleibt die Entscheidung für und gegen den Ermessensspielraum letzten Endes eine Wertentscheidung. Ist man um der Rechtssicherheit willen bereit, sich damit abzufinden, daß entweder Zuständigkeiten nicht bestehen, obwohl sie im Einzelfall gerecht sein können, oder daß Gerichte im Einzelfall ungerechtfertigte Zuständigkeiten ausüben müssen, nur weil der Gerichtsstand in der Regel angemessen ist? Die Befürworter von forum non conveniens wollen das nicht hinnehmen. "Some uncertainty is to be preferred to a system of rigid venue rules which... inevitably work injustice in many cases[385]."

III. Forum non conveniens als Rechtfertigung für eine Zuständigkeitserweiterung

Wer von Prozeßabweisung hört, denkt an Verkürzung des klägerischen Rechtsschutzes, die man durch Hinweise auf Rechtsverfolgungsgarantie, bedingte Prozeßabweisung und die immer vorhandene Möglichkeit

---

[382] Allen, In Personam Jurisdiction over Foreign Corporations: An Interest Balancing Test, 20 Univ.Fla.L.Rev. 30/47, 50 f. (1967); vgl. Larenz, Entwicklungstendenzen der heutigen Zivilrechtsdogmatik, JZ 1962, 105/106.
[383] Dainow, 29 Ill.L.Rev. 888 f.; Gulf Oil Corp. v. Gilbert, 330 U.S. 507 (1946).
[384] Note: A Reconsideration of „Long-Arm" Jurisdiction, 37 Ind.L.J. 333/352 (1962).
[385] Barrett, 35 Cal.L.Rev. 420; vgl. Trautman, P. A., 35 Wash.L.Rev. 100 f.

eines sicheren Gerichtsstandes vielleicht annehmbar machen, nicht aber aus der Welt schaffen könne. Forum non conveniens nur als Beschränkung der Klägermöglichkeiten anzusehen, wäre jedoch eine unvollständige Beurteilung der Lehre. Entstanden aus dem Bedürfnis, eine zu weite Zuständigkeit einzuschränken, hat sie ihrerseits eine Erweiterung der Zuständigkeit ermöglicht und damit dem Kläger ein Mehr an Gerichtsständen eröffnet. Eine Zuständigkeit läßt sich leichter bejahen, wenn man ihre Ausübung notfalls ablehnen kann.

1. Im früheren amerikanischen Recht hatten Gerichte keine jurisdiction für Prozesse über „internal affairs" auswärtiger Gesellschaften. Mit Klagen, die das Rechtsverhältnis zwischen dem Kläger als Gesellschafter und der Gesellschaft betrafen, konnte sich der Kläger nur an die Gerichte des Staates wenden, in dem die Gesellschaft inkorporiert war[386]. Diese Regel wurde mit der Entwicklung von forum non conveniens aufgegeben. Heute sind „internal affairs" kein Hindernis für die jurisdiction mehr. Der Kläger kann klagen, wo personal jurisdiction über die Gesellschaft besteht, muß aber mit einer forum non conveniens-Abweisung rechnen, wenn der Fall schwierig und die Anrufung des convenient forum im Heimatstaat der Gesellschaft zumutbar ist[387].

2. Nach früherem amerikanischen Recht konnte personal jurisdiction nicht begründet werden über Personen, die sich nur im Zusammenhang mit einem anhängigen Prozeß im Gerichtsland aufhielten (Zeugen, Anwälte)[388]. Diese starre „doctrine of immunity" wurde z. B. in New Jersey aufgegeben: Mit der Lehre vom forum non conveniens habe man ein flexibleres Mittel, um den zu Verklagenden vor einem ungerechten Prozeßort zu schützen, ohne dem Kläger generell die Klage zu verwehren[389].

IV. Die Mitverantwortung des Klägers für einen geeigneten Gerichtsstand

Forum non conveniens ist in den USA das Opfer an Rechtssicherheit, das dem Kläger abverlangt wird für eine ihn begünstigende Zuständigkeitsregelung. Wegen der Vielfalt und Unquantifizierbarkeit der zu berücksichtigenden Interessen kann die starre Zuständigkeitsnorm nur zu eng oder zu weit sein[390]. Wird sie, um den Rechtsschutz des Klägers optimal zu gewährleisten, zu weit gewählt, kann ihm — das ist die Aussage der Lehre vom forum non conveniens — dieses Opfer auferlegt werden. Mit der Billigung oder Verwerfung dieser Aussage

---
[386] Vgl. North State Copper & Gold Mining Co. v. Field, 20 A. 1039 (Md. 1885).
[387] Ehrenzweig, Treatise, S. 133 f.; Leflar, Conflicts, S. 606 ff.
[388] Ehrenzweig, Treatise, S. 106 f.; Keefe - Roscia, Immunity and Sentimentality, 32 Cornell L.Q. 471 (1947).
[389] Wangler v. Harvey, 196 A.2d 513 (N.J. 1963).
[390] Vgl. oben §§ 2 II, 3.

fällt die Entscheidung über Annahme oder Ablehnung von forum non conveniens. Dabei sind die Sicherungen zu berücksichtigen, die innerhalb der Lehre für den Kläger bestehen. Besonders aber muß zugunsten von forum non conveniens ins Gewicht fallen, daß die Prozeßabweisung weitgehend vermeidbar ist[391] durch Wahl eines nicht ganz ungeeigneten Gerichts.

Damit wird dem Kläger eine Mitverantwortung auferlegt für seine eigene Rechtssicherheit. Er kann sich nicht allein auf den Buchstaben des Gesetzes verlassen, muß ihn selber am konkreten Fall messen, freilich nur mit dem sehr groben Maß der völligen Ungeeignetheit. Das erscheint eine zumutbare Belastung angesichts der Tatsache, daß die weite Zuständigkeit zum Vorteil des Klägers geschaffen wurde.

Das Ziel von forum non conveniens wäre erreicht, wenn wegen der Gefahr einer Prozeßabweisung und der damit verbundenen Rechtsunsicherheit die Kläger von sich aus die ungeeigneten Gerichtsstände meiden würden. Die Lehre wäre optimal verwirklicht, wenn sie nicht mehr angewandt zu werden brauchte. Um diese generalpräventive[392] Wirkung zu entfalten, ist aber zunächst eine konsequente Einsetzung der Prozeßabweisung oder -aussetzung wegen forum non conveniens erforderlich.

---

[391] Sie ist nicht völlig vermeidbar, soweit man — wie ein Teil der Rspr. der USA — forum non conveniens auch zuläßt, wenn dem Kläger z. Z. der Klage nur ein einziges Gericht zur Verfügung stand; vgl. oben § 7 I 1 a).
[392] Auf die Bedeutung der Generalprävention im Prozeßrecht weist v. Mettenheim, Der Grundsatz der Prozeßökonomie im Zivilprozeß (1970), S. 31 hin; vornehmlich generalpräventiv wirken Vorschriften wie die §§ 279, 529 Abs. 2 ZPO.

Dritter Teil

Forum non conveniens in Deutschland

Die weiten und zum Teil wenig sachbezogenen Zuständigkeiten der amerikanischen Gerichte führten in den USA zur Übernahme und Ausbreitung des allgemeinen forum non conveniens-Prinzips. Das deutsche Recht kennt keine „transient rule". Aber zu weite und im Einzelfall unangemessene internationale Zuständigkeiten sind auch ihm nicht unbekannt. Beispiele dafür waren Ausgangspunkt dieser Arbeit. Daß starre Zuständigkeiten nur zwischen einem Zuviel und Zuwenig wählen können, war im 1. Teil dargelegt worden. Das anglo-amerikanische Recht bietet im forum non conveniens-Prinzip eine Lösungsmöglichkeit: Schaffung weiter Zuständigkeiten mit Einschränkungsmöglichkeit im Einzelfall.

Das Verdienst *Wenglers* ist es, in Deutschland auf die Lehre vom forum non conveniens aufmerksam gemacht zu haben[1]. Seine Anregung blieb bisher ohne wesentliche praktische Folgen[2]. Zu groß scheint die Abneigung gegen Ermessen im Zuständigkeitsrecht[3]. Rechtstraditionen sind mit dem einfachen Hinweis, daß es anderswo anders gemacht werde, nicht zu brechen. Dazu bedarf es größerer Anstrengung: Zum einen gilt es, das Unbekannte bekannt zu machen — dem diente der 2. Teil dieser Arbeit — zum anderen aber ist es erforderlich, das fremde Rechtsinstitut ins eigene Rechtssystem einzugliedern. Die Übernahme der Grundsätze von forum non conveniens wird leichter fallen, wenn sich zeigen läßt, daß sie keinen Umsturz, sondern nur eine sinnvolle Fortentwicklung eigener Grundsätze bedeutet. Dies soll deshalb im letzten Abschnitt versucht werden. Das Ergebnis sei vorweggenommen: Die

---

[1] Zur Adoption deutscher Kinder durch amerikanische Staatsangehörige, NJW 1959, 127/130; Besprechung von Ehrenzweigs Treatise, AcP 165 (1965), 367/368, 370.
[2] Siehe aber KG IPRspr. 1958 - 59 Nr. 209 (dazu unten § 13 III 1); für eine Übernahme von forum non conveniens haben sich in jüngster Zeit ausgesprochen Siehr, RabelsZ 34 (1970), 629; Schröder, S. 486 ff.
[3] Gamillscheg, Internationale Zuständigkeit und Entscheidungsharmonie im Internationalen Privatrecht, in Berichte der deutschen Gesellschaft für Völkerrecht, Heft 3 (1959), S. 29/37 f. (bezüglich der englischen forum conveniens-Praxis unter Ord. XI); vgl. Baur, Richtermacht und Formalismus im Verfahrensrecht, in Summum ius, summa iniuria (Tübinger Rechtsw. Abhandlungen Bd. 9, 1963), S. 105, 108, 113; Schweizer, Die Rspr. des BayObLG auf dem Gebiet des IPR (1965), S. 250.

Übernahme der Lehre vom forum non conveniens wäre lediglich eine sachgerechte Anwendung der Lehre vom Rechtsschutzbedürfnis im Bereich des internationalen Zivilprozesses.

§ 14: Ansätze im deutschen Recht

Daß die Geeignetheit des Gerichtsorts zur Entscheidung des konkreten Rechtsstreits den Ausschlag gibt bei der Beantwortung der Frage, welches Gericht die Sachentscheidung fällen soll, ist dem deutschen Recht nicht unbekannt. Einige gesetzliche Vorschriften stellen auf die Umstände des Einzelfalls ab; bei der Frage nach der Anerkennung von Prorogationen auf ein deutsches Gericht wird diskutiert, ob nicht der konkrete Fall ein Mindestmaß an Beziehungen zum Inland aufweisen müsse; schließlich stellen einige Gerichtsentscheidungen auf verschiedenen Gebieten auf die Vor- und Nachteile dieses oder jenes Gerichtsorts im konkreten Fall ab.

I. Ansätze im Gesetz

1. § 650 ZPO

Für die Einleitung des Entmündigungsverfahrens ist das Amtsgericht am allgemeinen Gerichtsstand des zu Entmündigenden ausschließlich zuständig (§ 648 I ZPO). Bei einer schwerwiegenden Entscheidung wie der Entmündigung soll aber die Richtigkeit der Entscheidung nicht an mangelnder Sachaufklärung scheitern. Deshalb sieht § 650 Abs. 1 ZPO vor, daß das an sich ausschließlich zuständige Gericht die Verhandlung an ein anderes Amtsgericht überweisen kann, „wenn es mit Rücksicht auf die Verhältnisse des zu Entmündigenden erforderlich erscheint". Nach BGHZ 10, 316 soll der Richter von dieser Möglichkeit ausnahmsweise Gebrauch machen, wenn Zweifel am Vorliegen der Entmündigungsvoraussetzungen bestehen, diese Zweifel nur durch persönliche Vernehmung des zu Entmündigenden zu beheben sind und eine solche dem Gericht nicht oder nur schwer möglich ist.

2. § 47 FGG

Gemäß § 1774 BGB i. V. mit Art. 23 EGBGB ist eine Vormundschaft über einen Deutschen bei Vorliegen der Voraussetzungen von § 1773 BGB von Amts wegen anzuordnen. Nach § 47 Abs. 1 FGG kann aber die Anordnung unterbleiben, wenn der Deutsche seinen Wohnsitz oder allgemeinen Aufenthalt im Ausland hat, dort eine Vormundschaft angeordnet und deshalb die Anordnung einer Vormundschaft in Deutschland nicht mehr im Interesse des Mündels liegt. Ähnlich ist in § 47 Abs. 2 FGG die Abgabe einer deutschen Vormundschaft an einen übernahmebereiten ausländischen Staat vorgesehen. In beiden Alternativen ist

§ 14: Ansätze im deutschen Recht

entscheidend, wo die Vormundschaft im Interesse des Mündels am besten geführt werden kann. Die Entscheidung liegt im Ermessen des Gerichts[4].

3. § 36 Ziff. 3 ZPO

Für das streitige Verfahren sind Normen, die das mit der Sache zu befassende Gericht dem Einzelfall überlassen, schwieriger zu finden; § 36 Ziff. 3 ZPO ist ein Beispiel. Sollen mehrere Personen als Streitgenossen im allgemeinen Gerichtsstand verklagt werden und steht dem Kläger ein gemeinschaftlicher besonderer Gerichtsstand nicht zur Verfügung, so bestimmt das zunächst höhere Gericht, welches Gericht den Rechtsstreit entscheiden soll. Dazu hat es die Aufgabe, „aus den mehreren allgemeinen Gerichtsständen denjenigen, welcher der Sachlage am besten angepaßt ist, auszuwählen"[5].

II. Prorogation und forum non conveniens

In der Literatur wird teilweise die Anerkennung der Prorogation auf ein inländisches Gericht ausgeschlossen, wenn der betroffene Rechtsstreit keinerlei Beziehungen zum Inland aufweist[6]. Begründet wird das mit unzumutbarer Belastung für die Gerichte[7]. *Reu*[8] hat den weitergehenden Vorschlag gemacht, die Annahme der Prorogation immer dann wegen mangelnden Rechtsschutzbedürfnisses abzulehnen, wenn der Kläger sein Ziel im Ausland einfacher und billiger erreichen kann. Noch mehr Flexibilität befürwortet *Schröder*[9]: Die Zuständigkeitsvereinbarung sei lediglich ein Indiz für die Vernünftigkeit des vereinbarten Gerichts, keine abschließende Entscheidung.

III. Ansätze in Entscheidungen

1. Auf die Lehre vom forum non conveniens berief sich das KG in seinem Beschluß vom 4. 6. 1959[10], in dem es über die internationale Zuständigkeit des AG Zehlendorf zur Bestätigung eines Kindesannahmevertrages zwischen einem amerikanischen Ehepaar und einem deutschen Kind zu entscheiden hatte. Das Ehepaar hatte sich zur Zeit der

---

[4] Keidel, FGG, § 47 Rdn. 3 u. 5 (sub a); Jansen, FGG, § 47 Rdn. 2.
[5] RGZ 36, 347/348; vgl. RGZ 158, 223; BGH LM Nr. 4 zu § 36 Ziff. 3 ZPO.
[6] Nachweise unter Anm. 439; a. A. Pagenstecher, RabelsZ 11 (1937), 417; Kralik, ZZP 74 (1961), 42; Matscher, Zuständigkeitsvereinbarungen (1967), S. 36 f.
[7] Nussbaum, Deutsches IPR (1932), S. 403; Riezler, IZPR, S. 308 (de lege ferenda); wohl auch Habscheid, Privatvereinbarungen über die internationale Zuständigkeit, in Festschrift für Schima (1969), S. 175/201: zumindest müsse man von den Parteien verlangen, daß sie sich der lex fori unterwürfen. Walchshöfer, ZZP 80 (1967), 219 f. beruft sich auf Normen des Völkerrechts.
[8] Die staatliche Zuständigkeit im IPR (1938), S. 99.
[9] S. 475 ff.
[10] IPRspr. 1958 - 59 Nr. 209.

Antragstellung in Berlin aufgehalten — die Ehefrau sogar bis zu ihrer Heirat dort als Deutsche gewohnt —, später war es mit dem Kind nach Kalifornien verzogen. Das KG verneinte in diesem Fall eine perpetuatio fori. Es schloß sich ausdrücklich der Auffassung Wenglers an, „daß in Fällen konkurrierender Zuständigkeit auf Grund des forum non conveniens-Prinzips das Tätigwerden des Gerichts trotz Zuständigkeit abgelehnt werden kann, wenn das Gericht des anderen Staates ebenfalls zuständig ist und die Sache dort offenbar besser aufgehoben ist". Im vorliegenden Sachverhalt sei das kalifornische Gericht als neuer Aufenthaltsstaat aller Beteiligten insbesondere deshalb vorzuziehen, da nicht sicher sei, ob eine Entscheidung des Amtsgerichts überhaupt in Kalifornien anerkannt werde. Bei dieser Sachlage entspreche es „dem wohlverstandenen Interesse des Kindes und kann es dem Beschwerdeführer ohne wesentliche Beeinträchtigung seiner Belange zugemutet werden, das Gericht seines Heimatstaates anzurufen".

Eine derartige direkte Anlehnung an die forum non conveniens-Lehre findet sich sonst nicht, doch haben andere Gerichte schon nach Abwägung des Für und Wider eine Sachentscheidung im konkreten Fall über Annahme oder Ablehnung eines Rechtsstreits entschieden.

2. Das Reichsgericht hatte 1915[11] zu entscheiden, ob ein Hamburger Gericht für folgenden Rechtsstreit zuständig sein sollte: Ein Hamburger Geschäftsmann hatte eine deutsche Firma mit Hauptniederlassung Shanghai und Zweigniederlassungen in Peking und Hamburg wegen unlauterer Werbung verklagt. Die Werbung bezog sich lediglich auf die Niederlassung in China, wo in Peking deutsche Konsulargerichtsbarkeit zur Verfügung stand. Das RG entschied sich für die Zuständigkeit in Hamburg, obwohl nach § 24 UWG grundsätzlich am Ort derjenigen Niederlassung geklagt werden müsse, auf die sich die unlautere Handlung beziehe. Zur Begründung führte es u. a. aus: „Wo es die Wahl zwischen mehreren Plätzen des Inlands gibt, mag jenem Moment des sachlichen Zusammenhangs der Reklame mit dem Geschäftsbetriebe der einzelnen Niederlassung entscheidende Bedeutung beizumessen sein. Um aber den Kläger in Deutschland mit seiner Klage gegen einen Gegner, der in derselben Stadt wohnt wie er, an ein Gericht in Ostasien zu verweisen, erscheint das Moment nicht bedeutsam genug ... "

An anderer Stelle des Urteils heißt es: „Es kommt mit anderen Worten auf die ganzen Umstände des Falles an, nicht nur darauf, wo der Beklagte seinen Wohnsitz, seine Niederlassung oder seinen Aufenthalt hat."

3. Das OLG Hamburg entschied im Jahre 1949[12] für eine perpetuatio fori im Scheidungsstreit zweier staatenloser Flüchtlinge, die während

---

[11] RGZ 87, 129.
[12] IPRspr. 1945 - 49 Nr. 46 = NJW 1950, 509.

des Prozesses nach England ausgewandert waren, mit folgender Begründung: Zwar müßten normalerweise die Voraussetzungen des § 606 Abs. 3 Ziff. 1 ZPO damaliger Fassung bis zum Schluß der letzten mündlichen Verhandlung fortdauern, der vorliegende Sachverhalt erfordere aber eine abweichende Beurteilung: Beide Parteien hätten sich ausdrücklich mit der Fortführung des Verfahrens einverstanden erklärt — was in Ehesachen natürlich an sich keine Zuständigkeit begründet. „Die Beklagte hat von England aus mehrfach um Fortführung des Verfahrens gebeten. Die unheilbare Zerrüttung der Ehe ist zweifelsfrei ... Das seit April 1946 anhängige Scheidungsverfahren kann jetzt unverzüglich abgeschlossen werden. Die in England in dürftigen Verhältnissen lebende Beklagte auf ein neues Verfahren in England mit vielleicht anderen nach der dort geltenden Verfahrensordnung notwendigen und neu zu beschaffenden Beweismitteln zu verweisen, erscheint nicht vertretbar."

4. Das OLG Nürnberg hatte am 29. 11. 1961[13] über die Zulässigkeit der Klage in folgendem Fall zu entscheiden: Der deutsche Kläger hatte gegen den österreichischen Beklagten am 28. 1. 1959 ein Versäumnisurteil erstritten; die Vollstreckung in Österreich scheiterte, da auf Grund des Anerkennungs- und Vollstreckungsabkommens zwischen der BRD und Österreich nur nach dem 31. 12. 1959 entstandene Titel anzuerkennen waren. Darauf erhob der Kläger 1961 erneut Klage, um einen in Österreich anerkennungsfähigen Titel zu erhalten. Das OLG verneinte das zur Zweitklage erforderliche Rechtsschutzbedürfnis, da der Kläger ohne weiteres auch in Österreich klagen könne und dies den berechtigten Interessen des Beklagten entspreche; denn in Österreich entstünden ihm geringere Kosten, insbesondere aber könne er sich in Österreich uneingeschränkt verteidigen, was ihm in Deutschland wegen des rechtskräftigen Versäumnisurteils nicht möglich sei. Es erschien dem Gericht billig, dem Beklagten diese Möglichkeit zu gewähren, da nicht auszuschließen war, daß er sich im Erstprozeß nur deshalb nicht hatte vertreten lassen, weil er vor einer Vollstreckung in Österreich damals sicher war.

Die Entscheidung des OLG Nürnberg beruft sich ausdrücklich auf das Rechtsschutzbedürfnis; es war hierzu gehalten, da eine Zweitklage in Deutschland nach Erhalt des rechtskräftigen Versäumnisurteils ein besonderes Rechtsschutzbedürfnis erfordert. Auch die Urteile des KG und des OLG Hamburg fragen, ob unter den Umständen des Einzelfalls noch ein Bedürfnis nach einer Sachentscheidung in Deutschland bestehe. Freilich war auch hier die Situation eine besondere, weil die ursprünglich gegebene Zuständigkeitsvoraussetzung während des Prozesses fortgefallen war.

---
[13] IPRspr. 1960 - 61 Nr. 207 = ZZP 75 (1962), 281 = AWD 1961, 18.

Warum aber wurde im Rechtsstreit der beiden New Yorker im Ausgangsfall Nr. 1[14] nicht die Frage nach dem Rechtsschutzbedürfnis gestellt? Die Antwort lautet: Am Vorliegen des Rechtsschutzbedürfnisses war in diesem Fall nach dem heutigen Stand der Lehre überhaupt nicht zu zweifeln. Da der Beklagte in Deutschland Vermögen besaß, hatte der Kläger ein rechtliches Interesse an einem Urteil. Ob der Kläger seine Ansprüche auch in New York hätte befriedigen können, ob es dazu notwendig war, den Beklagten vor ein entferntes Gericht zu ziehen, ob es erforderlich war, ein deutsches Gericht mit New Yorker Recht zu befassen, ob nicht ein New Yorker Gericht viel einfacher und billiger ein viel richtigeres Urteil hätte sprechen können: das alles vermag am Vorliegen des Rechtsschutzbedürfnisses nichts zu ändern.

§ 15: Das internationale Rechtsschutzbedürfnis

I. Parallelen und Unterschiede zu forum non conveniens

Nach der heute allgemein anerkannten Lehre vom Rechtsschutzbedürfnis[15] ist es Sachentscheidungsvoraussetzung, daß der Kläger im konkreten Fall ein rechtlich anzuerkennendes Interesse an der gerichtlichen Entscheidung hat.

Die Lehre weist in ihren allgemeinen Zügen unverkennbare Parallelen zur forum non conveniens-Doktrin auf:

a) Auch sie geht aus von der Erkenntnis, daß „die notwendig unvollkommene gesetzliche Verfahrensregelung" ergänzt werden müsse, um den allgemeinen Verfahrenszweck „auf die Gegebenheiten im konkreten Fall, den einzelnen Prozeß, umzusetzen"[16].

b) Auch sie läßt deshalb den Richter im Einzelfall unter Berücksichtigung aller Umstände entscheiden, ob ein Rechtsschutzbedürfnis vorliegt.

c) Auch sie gibt dem Richter dazu eine gewisse Entscheidungsfreiheit[17].

d) Auch der Begriff des Rechtsschutzbedürfnisses entzieht sich folgerichtig einer klaren abschließenden Formulierung, und auch er ist daher angegriffen worden, da er die Rechtssicherheit gefährde[18].

---

[14] Oben § 1 I.
[15] Zum Stand der Lehre: Stephan, Das Rechtsschutzbedürfnis, S. 11 ff. mit weiteren Nachweisen; Stein - Jonas - Schumann/Leipold, vor § 253 Anm. III 4.
[16] Stephan, S. 23.
[17] Ob es sich dabei um Ermessensfreiheit oder einen Beurteilungsspielraum handelt, ist in diesem Zusammenhang ohne Bedeutung, vgl. dazu Stephan, S. 55.
[18] Allorio, Rechtsschutzbedürfnis?, ZZP 67 (1954), 321 ff.; Pohle, Zur Lehre vom Rechtsschutzbedürfnis, in Festschrift Lent (1957), S. 195 ff.; A. Blomeyer, Zivilprozeßrecht (1963), S. 149.

Neben diesen allgemeinen Parallelen lassen sich auch Ähnlichkeiten in der Formulierung des Zieles feststellen: Beim Rechtsschutzbedürfnis geht es um die Sicherung des allgemeinen Prozeßzwecks im Einzelfall[19]; forum non conveniens soll helfen, „to prevent the administration of justice being perverted to an unjust end", soll sicherstellen, daß das einzelne Verfahren den „ends of justice" dienlich ist[20].

Trotz dieser Ähnlichkeiten hat die Lehre vom Rechtsschutzbedürfnis bisher nicht die Funktionen von forum non conveniens wahrgenommen, hat sie nicht zur Vermeidung von im Einzelfall unangemessenen internationalen Zuständigkeiten gedient. Zwar wurde vom „internationalen Rechtsschutzbedürfnis" gesprochen, das zur Sachentscheidung in Deutschland vorliegen müsse. Es wird dann verneint, wenn der Kläger kein rechtlich anzuerkennendes Interesse am fertigen Urteil hat, weil dieses allein im Ausland wirken soll, dort mit einer Anerkennung aber nicht zu rechnen ist[21].

Diese Konzentrierung des allgemeinen Rechtsschutzbedürfnisses auf die Frage nach der Verwertbarkeit des Urteils wird der Problematik des internationalen Prozesses nicht gerecht. Im internationalen Verfahren kann der Prozeßzweck auch auf andere Weise verfehlt werden als durch den Ausspruch eines wirkungslosen Urteils.

II. Die Einfachheit und Billigkeit des Verfahrens als Kriterium für das internationale Rechtsschutzbedürfnis

Nach der allgemeinen Lehre vom Rechtsschutzbedürfnis wird dieses verneint, wenn der Kläger sein Ziel auch auf einem wesentlich einfacheren und billigeren Weg erreichen kann[22]. Der Grundsatz der Prozeßökonomie und ein Mindestmaß an Rücksichtnahme gegenüber der Gegenpartei verlangen, daß der Kläger unter zwei möglichen Wegen der Rechtsverfolgung den einfacheren und billigeren wählt, wenn sich beide hinsichtlich des staatlichen Mitteleinsatzes und der Belastung für den Beklagten sehr erheblich unterscheiden. Der Kläger hat dann kein rechtlich anzuerkennendes Interesse auf Rechtsschutz im aufwendigeren Verfahren.

Bei dem einfacheren und billigeren Weg muß es sich um eine speziellere Verfahrensart handeln[23]. Ein gleiches Verfahren an anderem Ort wird nicht als hinreichend angesehen, um das Rechtsschutzbedürfnis

---
[19] Stephan, S. 23; Stein - Jonas - Schumann/Leipold, vor § 253 Anm. III 4.
[20] s. o. § 5 II.
[21] Beitzke, AcP 151 (1950 - 51), 275; ders., FamRZ 1967, 594 Anm. 11; Heldrich, S. 163; in der zivilprozeßrechtlichen Literatur wird die Durchsetzungsmöglichkeit als Voraussetzung für das Rechtsschutzbedürfnis überwiegend abgelehnt: BGH NJW 1954, 1724 f.; Stephan, S. 52; Schönke - Kuchinke, S. 149 f.; vgl. Schönke, Rechtsschutzbedürfnis, S. 37 f., 49.
[22] Vgl. Stephan, S. 34 ff.
[23] Beispiele bei Rosenberg - Schwab, S. 442 f.

entfallen zu lassen. Zwei Zivilprozesse an verschiedenen Orten innerhalb der Bundesrepublik unterscheiden sich in der Belastung für den Staat und die Gegenpartei in der Tat nicht so erheblich, daß eine Beschränkung der freien Gerichtsstandswahl (§ 35 ZPO) unter dem Gesichtspunkt des Rechtsschutzbedürfnisses gerechtfertigt wäre.

Geht es aber um die Wahl zwischen einem in- und ausländischen Gericht, liegt der Gedanke nahe, ausnahmsweise doch auf Einfachheit und Billigkeit abzustellen, wie es Reu bei der Frage nach der Anerkennung von Prorogationen angeregt hat[24].

Zunächst ließe sich anführen, daß schon durch die Verlegung des Rechtsstreits ins Ausland dem eigenen Staat Aufwand erspart würde. Diesen Gedanken hinzuzuziehen, ist jedoch nicht möglich, weil er zur Beschränkung des Rechtsschutzbedürfnisses immer dann führen müßte, wenn überhaupt ein Verfahren im Ausland möglich ist. Für den eigenen Staat wäre jeder ausländische Prozeß einfacher und billiger.

Tragfähig kann nur ein Vergleich sein zwischen dem staatlichen Mittelaufwand, der im eigenen oder fremden Land zur Lösung des Rechtsstreits erforderlich ist. Hier können erhebliche Unterschiede bestehen, die sich insbesondere aus den Schwierigkeiten bei der Lösung komplizierter Probleme ausländischen Rechts ergeben. Daß die Belastung für den Beklagten von Gerichtsland zu Gerichtsland sehr unterschiedlich sein kann, bedarf keiner Erörterung. Deshalb muß im Rahmen des internationalen Rechtsschutzbedürfnisses geprüft werden, ob nicht der Kläger sein Prozeßziel erheblich einfacher und billiger durch Anrufung eines ausländischen Gerichts erreichen kann.

Über Prozeßökonomie und Beklagtenschutz ist freilich der Kläger nicht zu vergessen. Sein Rechtsschutzbedürfnis in Deutschland kann nur verneint werden, wenn im Ausland sein Rechtsschutz nicht in relevanter Weise verkürzt oder erschwert wird.

Dem Kläger kann deshalb ein inländisches Sachurteil nicht versagt werden, wenn sein Prozeßführungsaufwand im Ausland in nicht unerheblichem Maße größer wäre als in Deutschland.

Voraussetzung für die Verneinung des Rechtsschutzbedürfnisses wegen der Möglichkeit eines einfacheren Weges ist ferner, daß dieser zum gleichen Ziel führt. Wollte man darunter verstehen, daß der Kläger im anderen Verfahren eine Entscheidung erhalten muß, die inhaltlich und in der Rechtswirkung genau dem deutschen Urteil entspricht, würde die Einfachheit und Billigkeit als Kriterium des internationalen Rechtsschutzbedürfnisses niemals praktisch.

Jedes ausländische Urteil hat in Deutschland eine qualitativ andere Wirkung als eine deutsche Entscheidung, da es einer besonderen An-

---

[24] s. o. § 14 II; vgl. auch das Urteil des OLG Nürnberg in § 14 III 4.

erkennung bedarf. Dieser generelle Unterschied hat außer Betracht zu bleiben, es kommt vielmehr auf seine Wirkung im Einzelfall an. Zu fragen ist, ob der Kläger auf die Urteilswirkung gerade in Deutschland angewiesen ist, um sein Recht durchzusetzen, und falls ja, ob im Einzelfall einer Anerkennung Hindernisse entgegenstehen.

Die Möglichkeit einer Anerkennung in Deutschland kann außer Betracht bleiben, wenn das erstrebte Urteil ohnehin nur im Ausland durchgesetzt werden soll oder wenn eine Wirkung im Ausland für den Rechtsschutz des Klägers ausreichend ist. Letzteres ist der Fall, wenn sich der Kläger wegen einer Geldforderung zumindest auch im Ausland befriedigen kann.

Ist dagegen eine Urteilswirkung in Deutschland für einen effektiven Rechtsschutz des Klägers notwendig, muß geprüft werden, ob das ausländische Urteil anzuerkennen wäre. Dabei wird häufig das Erfordernis der Gegenseitigkeit im Wege stehen (§ 328 Abs. 1 Nr. 5 ZPO), das sich auch in diesem Zusammenhang als Hemmschuh auf dem Wege zu einer sachgerechten Lösung internationalprozeßrechtlicher Probleme erweist. Gemäß § 328 Abs. 2 ZPO ist eine Anerkennung in nichtvermögensrechtlichen Streitigkeiten ohne Gegenseitigkeit möglich, wenn kein inländischer Gerichtsstand begründet ist. Dies Erfordernis wird man als erfüllt ansehen müssen, wenn der Kläger im inländischen Gerichtsstand mangels eines internationalen Rechtsschutzbedürfnisses abgewiesen wurde. Bei nichtvermögensrechtlichen Streitigkeiten ist deshalb eine Verneinung des Rechtsschutzbedürfnisses ohne Rücksicht auf die Gegenseitigkeit der Anerkennung möglich.

Was den Inhalt der in einem deutschen oder ausländischen Verfahren zu erwartenden Entscheidung betrifft, kann für die Verneinung des Rechtsschutzbedürfnisses nicht verlangt werden, daß der ausländische Urteilsspruch mit Sicherheit dem deutschen gleichen würde. Eine solche Voraussetzung wäre nicht nur unpraktikabel, da eine derartige Identität niemals mit Sicherheit festgestellt werden könnte, sie wäre auch unrichtig. Der Kläger hat keinen Anspruch auf eine Entscheidung mit einem bestimmten Inhalt. Sein Rechtsschutzbedürfnis richtet sich allenfalls auf ein Urteil gemäß dem anzuwendenden materiellen Recht[25]. Deshalb kann das Erfordernis der sachlichen Gleichheit zwischen in- und ausländischem Verfahrensergebnis höchstens verlangen, daß das nach Einfachheit und Billigkeit vorzuziehende ausländische Gericht dasselbe Sachrecht anwendet, welches das deutsche Gericht zu Grunde legen würde.

Selbst dieses Erfordernis aber ist noch zu weitgehend. Das internationale Privatrecht geht von der Gleichwertigkeit der verschiedenen

---

[25] Daß der Kläger einen darüber hinausgehenden Anspruch gegen den Staat nicht hat, scheint — unabhängig von der Stellungnahme zum Rechtsschutzanspruch — einhellige Meinung: vgl. Rosenberg - Schwab, § 3; Schönke - Kuchinke, § 3; Stein - Jonas - Pohle, Einl. E I.

Rechtsordnungen aus. Solange keine besonderen Anzeichen dagegen sprechen, ist anzunehmen, daß jede Rechtsordnung für jeden Sachverhalt gleichermaßen nach materieller Gerechtigkeit strebende Lösungen bereithält. Deshalb hat der Kläger keinen Anspruch auf Entscheidung nach einer bestimmten Rechtsordnung. Ein Rechtsschutzbedürfnis für ihn läßt sich daher auch nicht allein aus der Tatsache herleiten, daß das ausländische Gericht ein anderes Sachrecht anwenden werde als der deutsche Richter. Nur wenn konkrete Anhaltspunkte dafür vorliegen, daß nach dem im Ausland anzuwendenden materiellen Recht der Kläger erhebliche Einbußen an Rechtsmöglichkeiten erleiden würde, kann das zur Bejahung des Rechtsschutzbedürfnisses im Inland führen.

Die relative Unabhängigkeit der Frage nach dem Rechtsschutzbedürfnis von der Identität der Sachrechte befreit davon, zur Verneinung des Rechtsschutzbedürfnisses in jedem Fall positiv festzustellen, welches Sachrecht vom deutschen und ausländischen Gericht anzuwenden ist. Das Gericht kann sich der Klärung einer schwierigen kollisionsrechtlichen Frage enthalten, wenn z. B. feststeht, daß deutsches Sachrecht auf keinen Fall anzuwenden ist und die anderen Umstände des Falles eine Verhandlung im Ausland als eindeutig einfacher und billiger ausweisen. Dadurch besonders kann das Kriterium der Einfachheit und Billigkeit ein wirklich aufwandersparendes Korrektiv im internationalen Prozeß sein. Dennoch ist mit ihm noch nicht das Kernproblem des internationalen Rechtsschutzbedürfnisses erreicht. Denn es geht um mehr als um Ersparung von staatlichen Mitteln und Parteikosten, es geht um die Sicherung eines beiden Parteien gerechtwerdenden Verfahrens und eines möglichst richtigen Sachurteils.

III. Rechtsschutzbedürfnis und das Prozeßziel „richtiges Urteil durch ein gerechtes Verfahren"

Beim Bemühen, den Prozeßzweck im Einzelfall zu sichern, befaßte sich die Lehre vom Rechtsschutzbedürfnis mit der Verwertbarkeit des Urteils und mit der Möglichkeit, einfacher zur gleichen Entscheidung zu gelangen. Es fällt auf, daß die Möglichkeit, in einem anderen Verfahren eine richtigere Entscheidung zu erhalten, nicht in Betracht gezogen wurde. Und doch hängt die Erreichung des Prozeßzwecks wesentlich von der Richtigkeit der Entscheidung ab.

Ziel des Zivilprozesses als Institution ist die Verwirklichung des materiellen Rechts; dazu bedarf es zunächst eines sachlich richtigen Urteils. Die beste Gewähr dafür sieht die Rechtsordnung in einem geregelten Verfahren, in dem die Parteien gleiche Chancen haben, ihren Standpunkt zu vertreten und ein neutraler Richter das ihm bekannte

Recht anwendet. Ein sachlich richtiges Urteil durch ein für beide Parteien gleichermaßen gerechtes Verfahren ist das erste Ziel der Einrichtung Zivilprozeß, der Zweck des Erkenntnisverfahrens[26]. Das erst darauffolgende Endziel „Verwirklichung des Urteils" verfehlt ohne die erste Stufe seinen Sinn.

Das nicht auszuschließende unrichtige Sachurteil und seine Vollstreckung sind — wie es *Niese*[27] ausdrückte — „ein ungelöster Rest", eine „eindringliche Mahnung"; sie bedeuten eine „notbehelfsmäßige Preisgabe des Prozeßziels"[28]. Man kann zwar — was *Sax*[29] unternommen hat — versuchen, auch das unrichtige Urteil als Prozeßzielverwirklichung aufzufassen. Aber das führt allenfalls zu „juristischer Gewissensberuhigung"[30] am falschen Platz, und auch Sax muß letzten Endes zugeben, daß das richtige Sachurteil doch die bessere Zweckverwirklichung ist; wozu sonst verpflichtet er den Staat, „die nötigen Vorkehrungen ... zu treffen und ständig zu verbessern, die die größtmögliche Rechtsverwirklichung in der größtmöglichen Zahl gewährleisten"[31].

Ob der staatliche Mitteleinsatz zur Erreichung des Prozeßzwecks „richtiges Sachurteil auf Grund eines gerechten Verfahrens" notwendig oder zumindest geeignet ist, danach hat die Lehre vom Rechtsschutzbedürfnis bisher nicht gefragt. Sie bewahrte die Rechtspflegeorgane vor Klagen, die zu nichts nutze sein konnten, aber nicht vor Klagen, die zu einem zwar effektiven, aber mit relativ großer Wahrscheinlichkeit falschen Urteil führen würden.

Diese Beschränkung hat ihren Grund darin, daß die Lehre vom Rechtsschutzbedürfnis für den innerstaatlichen Bereich entwickelt wurde — ohne Blick über die Grenzen. Innerhalb eines Rechtsprechungsgebietes ist die Chance für ein richtiges Urteil überall annähernd gleich[32]. Ferner geht es nicht an, einem Kläger Rechtsschutz völlig zu versagen, wenn man eines richtigen Urteils nicht sicher ist.

Das Prozeßziel „richtiges Urteil durch ein gerechtes Verfahren" hat deshalb im rein innerstaatlichen Prozeß bei der Zulässigkeitsprüfung keine Funktion; es kann weder bei der Auswahl zwischen verschiedenen Gerichten sinnvoll sein, noch zur Verweigerung des staatlichen Schutzes im ganzen führen. Die „eindringliche Mahnung" des unrichtigen Sachurteils kann an dieser Stelle kein Gehör finden.

---

[26] Rosenberg - Schwab, S. 3; Gaul, Zur Frage nach dem Zweck des Zivilprozesses, AcP 168 (1968), 27 ff.
[27] Doppelfunktionelle Prozeßhandlungen (1950), S. 123 f.
[28] Beling, Deutsches Reichsstrafprozeßrecht (1928), S. 268.
[29] Das unrichtige Sachurteil, ZZP 67 (1964), 21 ff.
[30] Gaul, AcP 168 (1968), 59 ff.
[31] ZZP (1964), 40; ähnlich S. 44 f., 47.
[32] Daß der örtlichen Zuständigkeit keine entscheidende Bedeutung für die Urteilsfindung beigemessen wird, zeigen die §§ 512 a, 549 Abs. 2 ZPO.

Was aber im nationalen Verfahren folgerichtige Beschränkung war, ist im internationalen Prozeß ungerechtfertigte Verkürzung: Bei der Frage nach der Verwirklichung des Prozeßziels im internationalen Prozeß darf das Primärziel „richtiges Sachurteil auf Grund eines gerechten Verfahrens" nicht außer acht gelassen werden:

1. Die Möglichkeiten der Parteien, ihren Fall effektiv zu vertreten, können in verschiedenen Gerichtsländern extrem unterschiedlich sein.

2. Dasselbe gilt für die Möglichkeiten des Richters, sich in den Sachverhalt einzudenken und auf ihn das materielle Recht richtig anzuwenden[33].

3. Infolgedessen kann die Wahrscheinlichkeit eines sachlich richtigen Urteils von Land zu Land erheblich differieren.

4. Die Verweigerung eines Sachurteils in Deutschland bedeutet nicht Rechtsverweigerung, wenn dem Kläger ein ausländisches Gericht zur Rechtsverfolgung verfügbar ist.

5. Es hat sich als unmöglich herausgestellt, die Frage nach dem richtigen Gerichtsland durch Normen zufriedenstellend zu beantworten.

6. Es kann deshalb sein, daß im Einzelfall ein nach der allgemeinen Regel international zuständiges deutsches Gericht keine Chancengleichheit für die Parteien und nur geringe Aussicht auf richtige Tatsachen- und Rechtswürdigung durch den Richter bietet, während in einem anderen Land beides in weit höherem Maße gesichert ist.

7. Ein Verfahren vor einem inländischen Gericht ist in einem solchen Fall nicht mehr der Verwirklichung des Prozeßziels „richtiges Urteil auf Grund eines gerechten Prozesses" dienlich. Zwar wird kaum von vornherein feststehen, daß nicht das inländische Gericht letztlich doch zum richtigen Ergebnis kommt. Entscheidend aber ist die Prognose, die Wahrscheinlichkeit, mit der der inländische Prozeß zu richtiger Sachverhaltsaufklärung und zutreffender Rechtsfindung führt. Ein Prozeß, der angesichts besserer Möglichkeiten unnötigerweise die Gefahr eines unrichtigen Urteils heraufbeschwört, verfehlt den Zweck, nach Möglichkeit ein richtiges Urteil herbeizuführen.

Soll deshalb die Lehre vom Rechtsschutzbedürfnis die Erreichung des allgemeinen Prozeßzwecks im einzelnen Verfahren sichern, so muß sie im internationalen Prozeß auch fragen, ob ein Verfahren gerade in Deutschland im Vergleich zu einem möglichen ausländischen Prozeß noch mit hinreichender Wahrscheinlichkeit den Prozeßzweck „richtiges Urteil auf Grund eines gerechten Verfahrens" verwirklichen kann. Die Interessen des Klägers sind dabei in dem im Vorabschnitt bereits genannten Umfang[34] zu berücksichtigen.

---
[33] Vgl. dazu oben § 2 II 1.
[34] s. o. § 15 II.

IV. Das Fehlen des internationalen Rechtsschutzbedürfnisses am forum non conveniens

Die Fragestellung des richtig verstandenen internationalen Rechtsschutzbedürfnisses erweist sich so als identisch mit derjenigen der Lehre vom forum non conveniens. Ist im Vergleich zu anderen Gerichtsständen der inländische noch als geeignet anzusehen, im konkreten Fall Prozeßökonomie, Verfahrensgerechtigkeit und richtige Beurteilung des Sachverhalts zu gewährleisten?

Die Regeln über die internationale Zuständigkeit können in ihrer notwendigen Unvollkommenheit nur Vermutungen begründen, daß das inländische Gericht zur Verwirklichung des allgemeinen Prozeßzwecks geeignet ist. Was *Schröder*[35] als Begründung dafür anführt, daß einer Zuständigkeitsvereinbarung nur Indizwirkung zukomme („worum es geht, mag derzeit noch gar nicht zu überschauen sein. ... Interessen können ins Spiel kommen, welche wahrzunehmen die Parteien weder informiert noch legitimiert sind".), gilt auch für die gesetzliche Regelung. „Worum es geht", ist vom Gesetzgeber noch weniger zu übersehen als von den Beteiligten einer wirklich ausgehandelten Vereinbarung[36]. Im konkreten Rechtsstreit können Interessen ins Spiel kommen, welche wahrzunehmen der Gesetzgeber nicht informiert und abschließend zu regeln deshalb nicht legitimiert ist.

Die erforderlichen Informationen sind erst im Augenblick des Rechtsstreits verfügbar. Deshalb kann erst dann die endgültige Entscheidung über die Zuständigkeitsinteressen fallen. Die Sachurteilsvoraussetzung „internationales Rechtsschutzbedürfnis" ermöglicht die notwendige Korrektur im Einzelfall: Das internationale Rechtsschutzbedürfnis liegt nicht vor, wenn das angegangene Gericht ein forum non conveniens ist und der Kläger sein Bedürfnis nach Rechtsschutz in einem anderen Gerichtsland in einer Weise befriedigen kann, die dem Ziel der Institution Zivilprozeß eindeutig näher kommt.

§ 16: Forum non conveniens im deutschen Prozeß

Die Gerichte werden die Berechtigung ihrer Zuständigkeit in internationalen Streitigkeiten im konkreten Fall prüfen müssen; der Hinweis auf die gesetzliche Regelung ist nicht mehr ausreichend. Das kann vermehrte Arbeit im Anfangsstadium des Prozesses bedeuten; heißt aber auch, daß die Gerichte von manchem Prozeß befreit werden, zu dessen Entscheidung sie sich nicht berufen fühlen können. Die Vielzahl der Faktoren, die bei der Frage nach dem forum non conveniens zu berück-

---

[35] S. 476.
[36] Vereinbarungen in Allgemeinen Geschäftsbedingungen mögen eine besondere Beurteilung erfordern.

sichtigen sind, ist unbegrenzt; die Darstellung der amerikanischen Praxis sollte Anregungen dazu geben. Drei prozessuale Fragen aber werden sich speziell dem deutschen Richter bei seiner Entscheidung stellen; sie ergeben sich aus der Einordnung der Lehre vom forum non conveniens in die Lehre vom Rechtsschutzbedürfnis.

1. Prüfung von Amts wegen oder auf Antrag

Die Frage nach dem forum non conveniens ist von Amts wegen zu prüfen. Wie bisher beim Rechtsschutzbedürfnis wird aber das Gericht nicht von sich aus Untersuchungen eröffnen, sondern nur dann, wenn sich besondere Anhaltspunkte ergeben[37]. In der Praxis wird das darauf hinauslaufen, daß der Beklagte die Frage aufwirft und begründende Tatsachen vorbringt.

2. Zeitpunkt der Prüfung

Das Rechtsschutzbedürfnis muß bis zum Schluß der letzten Tatsachenverhandlung vorliegen[38]. Forum non conveniens kann deshalb jederzeit bis Verhandlungsende ausgesprochen werden. Der Zeitablauf und der Fortschritt des Verfahrens sind aber bei der Beurteilung zu prüfen. Das Urteil des OLG Hamburg[39] zur Frage der perpetuatio fori kann hier als Vorbild dienen.

3. Klageabweisung oder Aussetzung des Verfahrens

Das Fehlen des Rechtsschutzbedürfnisses macht die Klage unzulässig, sie wäre deshalb abzuweisen. Die amerikanische Erfahrung lehrt jedoch, daß dadurch die Möglichkeiten von forum non conveniens stark eingeschränkt werden[40]. Da eine vollkommene Sicherheit hinsichtlich des ausländischen Prozesses schwer zu erlangen ist, scheuen die Gerichte verständlicherweise auch vor der endgültigen Maßnahme der Abweisung zurück. Prozessuale Phantasie ist hier erforderlich, die die Starre des auf das nationale Verfahren ausgerichteten Prozeßrechts zu brechen bereit ist.

Schütze[41] hat zur Lösung des Problems der doppelten Rechtshängigkeit im internationalen Rechtsstreit angeregt, das eigene Verfahren in entsprechender Anwendung des § 148 ZPO auszusetzen. Dieser Weg sei auch für die Behandlung der forum non conveniens-Fälle empfohlen. Die Aussetzung des Verfahrens — an Stelle einer Abweisung — trägt der Tatsache Rechnung, daß bei forum non conveniens das Rechtsschutzbe-

---

[37] Stein - Jonas - Schumann/Leipold, vor § 253 Anm. III 5.
[38] Stein - Jonas - Schumann/Leipold, vor § 253 Anm. III 5; Thomas - Putzo, Vorbem. III A 1 n vor § 253; weitergehend (in jeder Instanz) anscheinend Baumbach - Lauterbach, Grundz. § 253 Anm. 5 B.
[39] s. o. § 14 III 3.
[40] Vgl. oben § 11 II.
[41] Die Berücksichtigung der Rechtshängigkeit eines ausländischen Verfahrens, RabelsZ 31 (1967), 233/266 ff.

dürfnis nicht deshalb verneint wird, weil der Kläger überhaupt kein Interesse an Rechtsschutz hat, sondern deshalb, weil ein Rechtsschutz im anderen Land prozeßzweckgerechter zu sein scheint. Wie bei der doppelten Rechtshängigkeit geht es um die Abwägung zwischen zwei Verfahren[42]. Der Unterschied zwischen doppelter Rechtshängigkeit und forum non conveniens liegt darin, daß bei ersterer das andere Verfahren bereits schwebt, während bei letzterem auf die Möglichkeit, ein anderweitiges Verfahren anhängig zu machen, verwiesen wird. Die Entfernung vom Wortlaut des § 148 ZPO vergrößert sich dadurch. Was aber für den Kläger, der bereits im Ausland geklagt hat, Recht ist, sollte für denjenigen, der dort klagen soll, erst recht billig sein.

Auch die amerikanische Praxis, forum non conveniens gegebenenfalls von bestimmten Handlungen des Beklagten abhängig zu machen[43], sollte Nachahmung finden. Dem Beklagten kann zur Auflage gemacht werden, bestimmte Voraussetzungen für eine Aussetzung des Verfahrens zu schaffen: z. B. Sicherheit für die Vollstreckung im Ausland zu leisten, einer Prorogation auf das ausländische Gericht oder einer Vereinbarung eines bestimmten Sachrechts zuzustimmen, Verjährungsfristen nicht geltend zu machen oder dem Kläger bestimmte Mehrkosten zu ersetzen.

Die Vermeidung ungeeigneter und ungerechter Gerichtsstände hat oberstes Ziel zu sein; flexible Praxis und Mut zu neuen Wegen sind dazu erforderlich.

§ 17: Schluß

„Für Obligationen aus Verträgen läßt sich, wenn man die Kompetenz der Gerichte auf diejenige des entscheidenden Gesetzes gründet, keine völlig durchgreifende Regel aufstellen. Aber eben dieses Fehlen einer starren abstrakten Regel entspricht den Bedürfnissen des Verkehrs: Die starre abstrakte Regel — mag man nun den Ort des Vertragsschlusses oder den Ort der Erfüllung als unbedingt maßgebend betrachten, entspricht nicht den vernünftigen Erwartungen der Parteien und wird die Entscheidung oft einem Gericht zuweisen, welches der einen Partei absolut ungelegen ist und zugleich nicht selten wenig qualifiziert erscheinen wird, den Rechtsstreit schnell, verhältnismäßig mit geringen Kosten — z. B. mit Rücksicht auf die Herbeischaffung der Beweismittel und auf den Wohnort der Parteien — und dem materiellen Rechte gemäß zu entscheiden..." — Diese Worte könnten ein Plädoyer für forum non conveniens sein; *von Bar* schrieb sie im Jahre 1889[44] zum Problem der internationalen Zuständigkeit in Vertragsstreitigkeiten.

---

[42] Zur Verbindung von forum non conveniens und lis alibi pendens im englischen und amerikanischen Recht vgl. oben § 8 III 8 a).
[43] Vgl. oben § 11 II.
[44] Theorie und Praxis des internationalen Privatrechts (1889), S. 438.

§ 17: Schluß

Von Bar zog daraus nicht die Konsequenz des Zuständigkeitsermessens. Eingefahrene Wege machen es schwer, neue Pfade zu suchen; zumal die gewohnte Praxis ja auch Vorteile hatte. Wenn aber in einem anderen Rechtssystem über 150 Jahre lang praktiziert wird, was einem selbst zu gefährlich erschien, und es dabei nicht zum gefürchteten Zusammenbruch kam — dann werden Gewohnheit und Furcht vor Neuem unverzeihlich; wenn die ausländische Praxis Lösungen anbietet für Probleme, die im eigenen Land zwar schon vor 80 Jahren angesprochen, aber nicht beseitigt wurden, dann kann es zur Pflicht werden, den Vorschlag eines anderen Rechtskreises aufzugreifen.

Freilich: Leicht wird die Aufgabe, internationale Zuständigkeiten gegeneinander abzuwägen nicht sein. "Caution must be exercised in every case if the plea of forum non conveniens is not to become a powerful weapon in the hands of the defendant who is seeking to avoid his obligations[45]."

---

[45] Barrett, 35 Cal.L.Rev. 422.

Anhang

A: Das long-arm statute von Illinois
(Smith - Hurd, Illinois Annotated Statutes ch. 110 § 17)

(1) Any person, whether or not a citizen or resident of this State, who in person or through an agent does any of the acts hereinafter enumerated, thereby submits such person, and, if an individual, his personal representative, to the jurisdiction of the courts of this State as to any cause of action arising from the doing of any such acts:

(a) The transaction of any business within this State;

(b) The commission of a tortious act within this State;

(c) The ownership, use, or possession of any real estate situated in this State;

(d) Contracting to insure any person, property or risk located within this State at the time of contracting;

(e) With respect to actions of divorce and separate maintenance, the maintenance of a matrimonial domicile at the time the cause of action arose or the commission in this State of any act giving rise to the cause of action.

(2) Service of process upon any person who is subject to the jurisdiction of the courts of this State, as provided in this Section, may be made by personally serving the summons upon the defendant outside this State, as provided in this Act, with the same force and effect as though summons had been personally served within this State.

(3) ...

(4) ...

B: Gesetzliche Regelungen für forum non conveniens

I. Statute und Entwurf von Kalifornien

1. Code of Civil Procedure § 410 (in Kraft seit 1. 7. 70):

§ 410.10

A court of this state may exercise jurisdiction on any basis not inconsistent with the Constitution of this state or of the United States.

§ 410.30

When a court upon motion of a party or its own motion finds that in the interests of substantial justice an action should be heard in a forum outside this state, the court shall stay or dismiss the action in whole or in part on any conditions that may be just.

2. Senatsentwurf vom 5. 5. 53 (Senate Bill No. 1960) zur Abänderung des damaligen section 581 Code of Civil Procedure:

An action may be dismissed in the following cases:

5. By the court, upon motion of the defendant made at or before the time of demurring or answering, when it appears from affidavits or otherwise that the cause of action did not arise within this State, and that at the time the cause of action arose the plaintiff was not a resident of this State, and that a court of this State is not a convenient forum for the parties and witnesses and that the dismissal of the action will serve the interests of justice. If the court determines to grant the motion, it shall make an interlocutory order which shall impose such conditions as the court in its discretion deems just and reasonable, but, in any event, such interlocutory order shall require that there be filed in the action a written agreement executed by the moving defendant and such other defendants as the court shall determine, which agreement as to each such defendant shall contain

(a) Such stipulations as may be necessary to provide effectively that plaintiff may bring and maintain an action upon the same cause of action in such jurisdiction or jurisdictions as the court shall determine or, if such action cannot be brought and maintained in any such jurisdiction, that the interlocutory order and any final dismissal shall be vacated . . . ; and

(b) Such stipulations as may be necessary to suspend effectively all statutes of limitations which have not expired at the time the action was commenced for a period sufficient to make effective the provisions of the foregoing subdivision (a) which period shall be not less than 180 days after the dismissal shall become final; and

(c) Such stipulations as may be necessary to assure that the moving defendant, and such other defendants as the court shall determine, will voluntarily make a general appearance in, or be subject to the process of a court in the jurisdiction or jurisdictions determined by the court as provided in subdivision (a).

Upon proof that the conditions of the interlocutory order have been performed within the time allowed, the court, upon motion, shall thereupon enter a judgment of dismissal. If the conditions are not performed, the court, upon motion, shall vacate the interlocutory order and enter an order denying the motion or make such other order as is just. An interlocutory order hereunder is an appealable order.

The party making the motion shall have the burden of proof that the cause of action did not arise within this State, that a court of this State is not a convenient forum for the parties and witnesses and that dismissal will serve the interests of justice.

. . .

II. Statute von Wisconsin (West's Wisconsin Statutes Annotated 262.19/20, in Kraft seit 1. 7. 60)

262.19

(1) If a court of this state, on motion of any party, finds that trial of an action pending before it should as a matter of substantial justice be tried in forum outside this state, the court may in conformity with sub. (3) enter an order to stay further proceedings on the action in this state. A moving party under this subsection must stipulate his consent to suit in the alternative forum and wave his right to rely on statutes of limitation which may have run in the

alternative forum after commencement of the action in this state. A stay order may be granted although the action could not have been commenced in the alternative forum without consent of the moving party.

(2) The motion to stay the proceedings shall be filed prior to or with the answer unless the motion is to stay proceedings on a cause raised by counterclaim, in which instance the motion shall be filed prior to or with the reply. The issue raised by this motion shall be tried to the court in advance of any issue going to the merits of the action ... and these findings shall be set forth in a single order which is appealable.

(3) The decision on any timely motion to stay proceedings pursuant to sub. (1) is within the discretion of the court in which the action is pending. In the exercise of that discretion the court may appropriately consider such factors as:

(a) Amenability to personal jurisdiction in this state and any alternative forum of the parties to the action;
(b) Convenience to the parties and witnesses of trial in this state and in any alternative forum;
(c) Differences in conflict of law rules applicable in this state and in any alternative forum; or
(d) Any other factors having substantial bearing upon the selection of a convenient, reasonable and fair place of trial.

(4) Jurisdiction of the court continues over the parties to a proceeding in which a stay has been ordered under this section until a period of 5 years has elapsed since the last order affecting the stay was entered in the court. At any time during which jurisdiction of the court continues over the parties to the proceedings, the court may, on motion and notice to the parties, subsequently modify the stay order and take any further action in the proceedings as the interest of justice require. When jurisdiction of the court over the parties and the proceeding terminates by reason of the lapse of 5 years following the last court order in the action, the clerk of the court in which the stay was granted shall without notice enter an order dismissing the action.

262.20

(1) ...

(2) Any party who obtains an order staying further proceedings in the action pursuant to s. 262.19 may recover all statutory costs and disbursements in the action up to the order to stay.

*III. Ninth Report of the Judicial Conference to the
Legislature on the Civil Practice Law and Rules*

(1 McKinney's Session Law News of New York 1971, S. A-12/13)

It is recommended that a new section, to be section 327, be inserted into the CPLR in relation to inconvenient forum. Under the recommended new section the court, on motion of any party, may stay or dismiss the action in whole or in part on any conditions that may be just, when the court finds that in the interest of substantial justice the action should be heard in another forum. The domicile or residence in this state of an party to the action would not preclude the court from staying or dismissing the action.

Comment:

The enactment of this bill would bring a sorely needed balance to jurisdictional reform in this State. As traditional limits on the exercise of jurisdiction have been expanded by the long-arm statute (...), as well as by case law (cf. Seider v. Roth, 269 N.Y.S.2d 99,...), there is a corresponding need to extend the doctrine of forum non conveniens.

... In New York state, the doctrine has been held inapplicable when any party is a New York resident at the time of the commencement of the action (...). This bill would include in the CPLR a liberalized doctrine which would allow the court, on the motion of any party, to dismiss an action thereunder even though one of the parties is a New York resident, thereby counteracting the inconvenience which may be an unavoidable side effect of expanded jurisdiction.

Additionally, this bill would place New York in the forefront of a significant reform movement in which liberal forum non conveniens statutes have already been enacted in other enlightened jurisdictions such as Wisconsin (1959) and California (1969).

C: Der Faktorenkatalog von Great Northern Railway Comp. v. Superior Court, 12 Cal.App.3d 105, 90 Cal.Rptr. 461/466 f. (1970)

Das Gericht bewertete jeden der folgenden Faktoren mit „affirmatively, neutrally or negatively as support for Great Northern's motion to dismiss".

1. The amenability of the defendant to personal jurisdiction in the alternative forum.

2. The relative convenience to the parties and witnesses of trial in the alternative forum.

3. The differences in conflict of law rules applicable in this state and in alternative forum.

4. The principal place of business of the defendant.

5. Whether the situation, transaction or events out of which the action arose exists, occurred in, or had a substantial relationship to this state.

6. Whether any party would be substantially disadvantaged in having to try the action (a) in this state or (b) in the forum in which the moving party asserts it ought to be tried.

7. Whether any judgment entered in the action would be enforceable by process issued or other enforcement proceedings undertaken in this state.

8. Whether witnesses would be inconvenienced if the action were prosecuted (a) in this state or (b) in the forum in which the moving party asserts it ought to be prosecuted.

9. The relative expense to the parties of maintaining the action (a) in this state and (b) in the state in which the moving party asserts the action ought to be prosecuted.

10. Whether a view of premises by the trier of fact will or might be necessary or helpful in deciding the case.

11. Whether prosecution of the action will or may place a burden on the courts of this state which is unfair, inequitable of disproportionate in view of the relationship of the parties or of the cause of action to this state.
12. Whether the parties participating in the action have a relationship to this state which imposes upon them an obligation to participate in judicial proceedings in the courts of this state.
13. The interest, if any, of this state in providing a forum for some or all of the parties to the action.
14. The interest, if any, of this state in regulating the situation or conduct involved.
15. The avoidance of multiplicity of actions and inconsistent adjudications.
16. The relative ease of access to sources of proof.
17. The availability of compulsory process for attendance of witnesses.
18. The relative advantages and obstacles to a fair trial.
19. The public interest in the case.
20. Whether administrative difficulties and other inconveniences from crowded calendars and congested courts are more probable in the jurisdiction chosen by plaintiff.
21. Whether imposition of jury duty is imposed upon a community having no relation to the litigation.
22. The injustice to, and burden on, local courts and taxpayers.
23. The difficulties and inconvenience to defendant, to the court, and to jurors hearing the case, attending presentation of testimony by depositions.
24. Availability of the forum claimed to be more appropriate.
25. The other practical considerations that make trial of a case convenient, expeditious and inexpensive.

Schrifttumsverzeichnis

A: Deutschsprachige Literatur

Allorio, Enrico: Rechtsschutzbedürfnis?, ZZP 67 (1954), 321 ff.

v. Bar, Carl Ludwig: Theorie und Praxis des internationalen Privatrechts. Hannover 1889.

Baumbach - Lauterbach: Zivilprozeßordnung mit Gerichtsverfassungsgesetz und anderen Nebengesetzen. 30. Aufl. München 1970.

Baur, Fritz: Richtermacht und Formalismus im Verfahrensrecht, in Summum ius, summa iniuria — Tübinger Rechtswissenschaftliche Abhandlungen Bd. 9, S. 97 ff. Tübingen 1963.

Beitzke, Günther: Besprechung von Riezler: Internationales Zivilprozeßrecht, AcP 151 (1950 - 51), 268 ff.

— Die deutsche internationale Zuständigkeit in Familienrechtssachen, FamRZ 1967, 592 ff.

Beling, Ernst: Deutsches Reichsstrafprozeßrecht. Berlin - Leipzig 1928.

Binder, Heinz: Zur Auflockerung des Deliktsstatuts, RabelsZ 20 (1955), 401 ff.

Blomeyer, Arwed: Zivilprozeßrecht (Erkenntnisverfahren). Berlin - Göttingen - Heidelberg 1963.

Booß, Dirk: Fragen der „wesenseigenen Zuständigkeit" im internationalen Familienrecht. Diss. Bonn 1965.

Breuleux, Gérald: Internationale Zuständigkeit und anwendbares Recht. Zürich 1969.

Bull, Hans-Joachim: Sechs Gebote für den Ortstermin im Zivilprozeß, JR 1959, 410 f.

Cohn, Ernst J.: Nachprüfung der internationalen Zuständigkeit durch die Rechtsmittelinstanz, NJW 1966, 287 ff.

Dölle, Hans: Pflicht zur redlichen Prozeßführung?, in Festschrift für Otto Riese, S. 279 ff. Karlsruhe 1964.

Echterhölter, Rudolf: Die Europäische Menschenrechtskonvention in der juristischen Praxis, JZ 1956, 142 ff.

Eckstein, Helga M.: Zur Lehre von der Gerichtsbarkeit und der internationalen Zuständigkeit im deutschen Zivilprozeß. Diss. Freiburg 1951.

Engisch, Karl: Die Idee der Konkretisierung in Recht und Rechtswissenschaft unserer Zeit. 2. Aufl. Heidelberg 1968.

Esser, Josef: Vorwort zu: Ermessensfreiheit und Beurteilungsspielraum des Zivilrichters — Arbeiten zur Rechtsvergleichung Bd. 24. Frankfurt/M. - Berlin 1964.

Gamillscheg, Franz: Internationale Zuständigkeit und Entscheidungsharmonie im Internationalen Privatrecht, in Berichte der deutschen Gesellschaft für Völkerrecht, Heft 3, S. 29 ff. Karlsruhe 1959.

Gaul, Hans Friedh.: Zur Frage nach dem Zweck des Zivilprozesses, AcP 168 (1968), 27 ff.

Geimer, Reinhold: Zur Prüfung der Gerichtsbarkeit und der internationalen Zuständigkeit bei der Anerkennung ausländischer Urteile. Bielefeld 1966.

Habscheid, Walther J.: Privatvereinbarungen über die internationale Zuständigkeit nach deutschem und schweizerischem Recht, in Festschrift für Hans Schima, S. 175 ff. Wien 1969.

Heldrich, Andreas: Fragen der internationalen Zuständigkeit der deutschen Nachlaßgerichte, NJW 1967, 417.

— Internationale Zuständigkeit und anwendbares Recht. Berlin - Tübingen 1969.

Jansen, Paul: FGG, Bd. 2, 2. Aufl., Berlin 1970.

Jauernig, Othmar: Auswirkungen von Treu und Glauben im Prozeß und in der Zwangsvollstreckung, ZZP 66 (1953), 398 ff.

Kegel, Gerhard: Zur Reform des deutschen internationalen Ehescheidungsrechts, in Vorschläge und Gutachten zur Reform des deutschen internationalen Eherechts, vorgelegt von Wolfgang Lauterbach, S. 101 ff. Berlin - Tübingen 1962.

— Internationales Privatrecht. 3. Aufl. München 1971.

Keidel, Theodor: Freiwillige Gerichtsbarkeit. 9. Aufl. München - Berlin 1967.

Kralik, Winfried: Die internationale Zuständigkeit, ZZP 74 (1961), 2 ff.

Kropholler, Jan: Ein Anknüpfungssystem für das Deliktsstatut, RabelsZ 33 (1969), 601 ff.

Larenz, Karl: Entwicklungstendenzen der heutigen Zivilrechtsdogmatik, JZ 1962, 105 ff.

Maier, Hans Jakob: Die Nachprüfung der internationalen Zuständigkeit durch die Rechtsmittelinstanz, NJW 1965, 1650 ff.

Makarov, Alexander N.: Internationale Zuständigkeit, RabelsZ 34 (1970), 703 ff.

Matscher, Franz: Zuständigkeitsvereinbarungen im österreichischen und im internationalen Zivilprozeßrecht. Wien - New York 1967.

Matthies, Heinrich: Die deutsche internationale Zuständigkeit. Frankfurt/M. 1955.

v. Mettenheim, Christoph: Der Grundsatz der Prozeßökonomie im Zivilprozeß — Schriften zum Prozeßrecht Bd. 14. Berlin 1970.

Müller, Horst: Die internationale Zuständigkeit, Deutsche Landesreferate zum VII. Internationalen Kongreß für Rechtsvergleichung in Uppsala 1966, S. 181 ff. Berlin - Tübingen 1967.

Nagel, Heinrich: Die Begrenzung des internationalen Zivilprozeßrechts durch das Völkerrecht, ZZP 75 (1962), 408 ff.

Neuhaus, Paul Heinrich: Internationaler Zivilprozeß und IPR, RabelsZ 20 (1955), 201 ff.

— Die Zukunft des internationalen Privatrechts, AcP 160 (1961), 493 ff.

— Die Grundbegriffe des internationalen Privatrechts. Berlin - Tübingen 1962.

— Zur internationalen Zuständigkeit in der freiwilligen Gerichtsbarkeit, NJW 1967, 1167.

Neuner, Robert: Internationale Zuständigkeit. Mannheim - Berlin - Leipzig 1929.

Niese, Werner: Doppelfunktionelle Prozeßhandlungen. Göttingen 1950.

Novak, Franz: Treu und Glauben im Zivilprozeß, Österr. JZ 1949, 338 ff.

Nussbaum, Arthur: Deutsches Internationales Privatrecht. Tübingen 1932.

v. Overbeck, Alfred E.: Internationale Zuständigkeit und anwendbares Recht, Schw.Jahrb.Int.R. 21 (1964), 25 ff.

Pagenstecher, Max: Gerichtsbarkeit und internationale Zuständigkeit als selbständige Prozeßvoraussetzungen, RabelsZ 11 (1937), 337 ff.

Peterson, Courtland H.: Die Anerkennung ausländischer Urteile im amerikanischen Recht — Arbeiten zur Rechtsvergleichung Bd. 18. Frankfurt/M. - Berlin 1964.

Pohle, Rudolf: Zur Lehre vom Rechtsschutzbedürfnis, in Festschrift für Friedrich Lent, S. 195 ff. München - Berlin 1957.

Reu, Fritz: Die staatliche Zuständigkeit im internationalen Privatrecht. Marburg 1938.

Riezler, Erwin: Internationales Zivilprozeßrecht. Berlin - Tübingen 1949.

— Zur sachlichen internationalen Unzuständigkeit, in Festgabe für Leo Rosenberg, S. 199 ff. München - Berlin 1949.

Rosenberg - Schwab: Zivilprozeßrecht. 10. Aufl. München 1969.

Sax, Walter: Das unrichtige Sachurteil als Zentralproblem der allgemeinen Prozeßrechtslehre, ZZP 67 (1964), 21 ff.

Schönke, Adolf: Das Rechtsschutzbedürfnis. Detmold - Frankfurt/M. - Berlin 1950.

Schönke - Kuchinke: Zivilprozeßrecht. 9. Aufl. Karlsruhe 1969.

Schröder, Jochen: Internationale Zuständigkeit. Opladen 1971.

Schütze, Rolf A.: Die Berücksichtigung der Rechtshängigkeit eines ausländischen Verfahrens, RabelsZ 31 (1967), 233 ff.

Schweizer, Robert: Die Rechtsprechung des Bayerischen Obersten Landesgerichts auf dem Gebiete des Internationalen Privatrechts. Diss. München 1965.

Schwimann, Michael: Internationale Zuständigkeit in Abhängigkeit von der lex causae?, RabelsZ 34 (1970), 201 ff.

Siehr, Kurt: Ehrenzweigs Lex-Fori-Theorie und ihre Bedeutung für das amerikanische und deutsche Kollisionsrecht, RabelsZ 34 (1970), 585 ff.

Siemssen, Detlev: Eine Analyse der Anknüpfungen für die internationale Zuständigkeit im internationalen Zivilprozeß. Diss. Hamburg 1966.

Soergel - Siebert (Kegel): Bürgerliches Gesetzbuch, Bd. 7 (EGBGB). 10. Aufl. Stuttgart 1970.

Stein - Jonas: Kommentar zur Zivilprozeßordnung, bearbeitet von Rudolf Pohle u. a. 19. Aufl. Tübingen ab 1964.

Stephan, Bodo: Das Rechtsschutzbedürfnis — Eine Gesamtdarstellung unter besonderer Berücksichtigung des Verfassungsrechts — Kölner Rechtswissenschaftliche Abhandlungen, Heft 50. Berlin 1967.

Thomas - Putzo: Zivilprozeßordnung mit Gerichtsverfassungsgesetz und den Einführungsgesetzen. 5. Aufl. München 1971.

Walchshöfer, Alfred: Die deutsche internationale Zuständigkeit in der streitigen Gerichtsbarkeit, ZZP 80 (1967), 165 ff.

Weimar, Robert: Psychologische Strukturen richterlicher Entscheidung. Basel - Stuttgart 1969.

Wengler, Wilhelm: Zur Adoption deutscher Kinder durch amerikanische Staatsangehörige, NJW 1959, 127 ff.
— Besprechung von Ehrenzweig: A Treatise on the Conflict of Laws, AcP 165 (1965), 367 ff.
Wieczorek, Bernhard: Zivilprozeßordnung und Nebengesetze. Berlin ab 1957.
Zeiss, Walter: Die arglistige Prozeßpartei — Schriften zum Prozeßrecht Bd. 9. Berlin 1967.

B: Fremdsprachige (insbes. amerikanische) Literatur

— Comment: Forum non Conveniens, a New Federal Doctrine, 56 Yale L.J. 1234 ff. (1947) = Culp (ed.), Selected Readings, S. 339 ff. St. Paul, Minn. 1956.
— Comment: Change of Venue: In Rem Actions, 27 Univ.Chic.L.Rev. 399 ff. (1959 - 60).
— Note: Requirement of a Second Forum for Application of Forum non Conveniens, 43 Minn.L.Rev. 1199 ff. (1958 - 59).
— Note: Developments in the Law: State-Court Jurisdiction, 73 Harv.L.Rev. 909 ff. (1959 - 60).
— Note: A Reconsideration of "Long-Arm" Jurisdiction, 37 Ind.L.J. 333 ff. (1962).
Allen: Note: In Personam Jurisdiction over Foreign Corporations: An Interest Balancing Test, 20 Univ.Fla.L.Rev. 30 ff. (1967).
Anton, Alexander E.: Private International Law. Edinburgh 1967.
Baggerman, Peter C.: Forum non Conveniens in Missouri, 36 Mo.L.Rev. 105 ff. (1971).
Barrett, Edward L.: The Doctrine of Forum non Conveniens, 35 Cal.L.Rev. 380 ff. (1947).
Bauer, Hubert: Compétence judiciaire internationale des tribunaux civils français et allemands. Paris 1965.
Bickel, Alexander M.: The Doctrine of Forum non Conveniens as Applied in the Federal Courts in Matters of Admiralty, 35 Cornell L.Q. 12 ff. (1949).
Blair, Paxton: The Doctrine of Forum non Conveniens in Anglo-American Law, 29 Col.L.Rev. 1 ff. (1929).
Bluer, Herbert A.: Comment: Open Questions in California's Adoption of the Doctrine of Forum non Conveniens, 42 Cal.L.Rev. 690 ff. (1954).
Blume, William W.: Place of Trial of Civil Cases — Early English and Modern Federal, 48 Mich.L.Rev. 1 ff. (1949 - 50).
Braucher, Robert: The Inconvenient Federal Forum, 60 Harv.L.Rev. 908 ff. (1947).
Carrington, Paul D.: The Modern Utility of Quasi in Rem Jurisdiction, 76 Harv.L.Rev. 303 ff. (1967).
Collins, Lawrence: Forum Selection and an Anglo-American Conflict — The Sad Case of the Chaparall, 20 I.C.L.Q. 550 (1971).
Cowen, Zelman: A British View, 9 J.Pub.L. 303 ff. (1960).
Cowen - Da Costa: The Contractual Forum: Situation in England and the British Commonwealth, 13 Am.J.Comp.L. 179 ff. (1964).
Currie, Brainerd: The Desinterested Third State, 28 Law & Contemp.Probl. 754 ff. (1963).

Dainow, Joseph: The Inappropriate Forum, 29 Ill.L.Rev. 867 ff. (1935).

De Krassel - Johnson: The Development of In Personam Jurisdiction over Individuals and Corporations in California: 1849 - 1970, 21 Hastings L.J. 1105 ff. (1970).

De Winter, L. J.: Excessive Jurisdiction in Private International Law, 17 I.C.L.Q. 706 ff. (1968).

Dicey - Morris: The Conflict of Laws. 8. Aufl. London 1967.

Dodd, E. Merrick: Jurisdiction in Personal Actions, 23 Ill.L.Rev. 427 ff. (1929).

Ehrenzweig, Albert A.: The Transient Rule of Personal Jurisdiction: The 'Power' Myth and Forum Conveniens, 65 Yale L.J. 289 ff. (1955 - 56).

— Ehrenzweig in Reply, 9 J.Pub.L. 328 ff. (1960).

— A Treatise on the Conflict of Laws. St. Paul, Minn. 1962.

— A Proper Law in a Proper Forum: A 'Restatement' of the 'Lex Fori Approach', 18 Okl.L.Rev. 341 ff. (1965).

— La Loi du Forum Compétent, in Liber Amicorum Baron Louis Fredericq, S. 399 ff. Gent 1965.

— Private International Law — General Part. Leyden - Dobbs Ferry, N.Y. 1967.

— Specific Principles of Private Transnational Law, Rec. des Cours 1968 II, 178 ff.

Ehrenzweig - Louisell: Jurisdiction in a Nutshell. 2. Aufl. St. Paul, Minn. 1968.

Foster, Roger S.: Place of Trial — Interstate Application of Intrastate Methods of Adjustment, 44 Harv.L.Rev. 41 ff. (1930 - 31).

Francescakis, Phocion: La prudente élaboration par la Conférence de la Haye d'une convention sur le divorce, Clunet 1965, 24 ff.

Gibb, Andrew D.: The International Law of Jurisdiction in England and Scotland. Edinburgh - London 1926.

Goddard, Richard J.: The Doctrine of Forum non Conveniens in Illinois, 1964 Univ.Ill.L.For. 646 ff.

Gorfinkel - Lavine: Long-Arm Jurisdiction in California under New Section 410.10 of the Code of Civil Procedure, 21 Hastings L.J. 1163 ff. (1970).

Graveson, Ronald H.: The Conflict of Laws. 6. Aufl. London 1969.

Hanbury's: Modern Equity. 9. Aufl. London 1969.

Inglis, B. D.: Forum Conveniens — Basis of Jurisdiction in the Commonwealth, 13 Am.J.Comp.L. 583 ff. (1964).

— Jurisdiction, the Doctrine of Forum Conveniens, and Choice of Law in Conflict of Laws, 81 L.Q.R. 380 ff. (1965).

Keefe - Roscia: Immunity and Sentimentality, 32 Cornell L.Q. 471 ff. (1947).

Kleinmann, Harold: Admiralty Suits Involving Foreigners, 31 Tex.L.Rev. 889 ff. (1953).

Leflar, Robert A.: The Converging Limits of State Jurisdictional Powers, 9 J.Pub.L. 282 ff. (1960).

— American Conflicts Law. 2. Aufl. Indianapolis - Kansas City - New York 1968.

Levy, Nathan: Mesne Process in Personal Actions at Common Law and the Power Doctrine, 78 Yale L.J. 52 ff. (1968 - 69).

McClean, J. D.: Jurisdiction and Judicial Descretion, 18 I.C.L.Q. 931 ff. (1969).

McGough, Joseph T.: The Application of Forum non Conveniens in New York, 21 N.Y.Univ.Intr.L.Rev. 1 ff. (1965 - 66).

v. Mehren - Trautman, D. T.: The Law of Multistate Problems. Boston - Toronto 1965.

— Jurisdiction to Adjudicate — A Suggested Analysis, 79 Harv.L.Rev. 1121 ff. (1966).

— Recognition of Foreign Adjudications: A Survey and a Suggested Approach, 81 Harv.L.Rev. 1601 (1968).

Morris, J. H. C.: The Conflict of Laws. London 1971.

Nadelmann, Kurt H.: Jurisdictionally Improper Fora, in Festschrift für Hessel E. Yntema, S. 321 ff. Leyden 1961.

— Choice-of-Court Clause in the United States: The Road to Zapata, 21 Am.J.Comp.L. 124 (1973).

Neuhaus, Paul H.: Legal Certainty Versus Equity in the Conflict of Laws, 28 Law & Contemp.Probl. 795 ff. (1963).

Norris, Martin J.: The Law of the Seamen. 3. Aufl. Rochester, N.Y. 1970.

Reese, Willis L. M.: The Contractual Forum: Situation in the United States, 13 Am.J.Comp.L. 187 ff. (1964).

Round Table: Transient Jurisdiction — Remnant of Pennoyer v. Neff, 9 J.Pub.L. 281 ff. (1960).

Ryan - Berger: Forum non Conveniens in California, 1 Pac.L.J. 532 ff. (1970).

Schlesinger, Rudolf B.: Methods of Progress in Conflict of Laws, 9 J.Pub.L. 313 ff. (1960).

Stein, Malcolm L.: Jurisdiction by Attachment of Liability Insurance, 43 N.Y.Univ.L.Rev. 1075 ff. (1968).

Stimson, Edward S.: Conflict of Laws. Buffalo, N.Y. 1963.

Stumberg, George W.: Principles of Conflict of Laws. 3. Aufl. Brooklyn 1963.

Thomson, Thomas N.: Enlightened Forum non Conveniens Policy: A Remedy for Plaintiff's Jurisdictional Overreaching, 16 Wayne L.Rev. 1162 ff. (1970).

Trautman, Philip A.: Forum non Conveniens in Washington — A Dead Issue?, 35 Wash.L.Rev. 88 ff. (1960).

Traynor, Roger J.: Is this Conflict Really Necessary?, 37 Tex.L.Rev. 657 ff. (1959).

Vulliet, Charles F.: Forum non Conveniens in California, 21 Hastings L.J. 1245 ff. (1970).

Weinstein, Jack B.: Trends in Civil Practice, 62 Col.L.Rev. 1431 ff. (1962).

Wolff, Martin: Private International Law. 2. Aufl. Oxford 1950.

Yukins, Barbara M.: The Convenient Forum Abroad, 20 Stanf.L.Rev. 57 ff. (1967).

Entscheidungsverzeichnis

In das Verzeichnis wurden nur diejenigen amerikanischen, englischen und schottischen Entscheidungen aufgenommen, die direkten Bezug zum Thema der Arbeit haben.

Adams v. Seaboard Coast Line Railroad Co.
224 So.2d 797 (Fla.App. 1969)

Aetna Insurance Co. v. Creole Petroleum Corp.
275 N.Y.S.2d 274 (A.D. 1966)

Ainsley Dunn & Co., Ltd. v. Stewart & Son, Ltd.
(1969) 1 Lloyd's Rep. 49 (C.A. 1968)

Amercoat Corp. v. Reagent Chemical & Research, Inc.
261 A.2d 380 (N.J. Super. 1970)

Anderson v. Delaware, L. & W. R. Co.
11 A.2d 607 (N.J.Cir. 1940)

Anglo-American Grain Co. v. The S/T Mina D'Amico
169 F.Supp. 908 (E.D. Va. 1959)

Argyllshire Weavers, Ltd. v. A. Macaulay (Tweeds), Ltd.
1962 S.C. 388

Atlantic Coast Line R. Co. v. Westbrook
70 S.E.2d 531 (Ga.App. 1952)

The Atlantic Star
(1972) 3 W.L.R. 746

Bagdon v. Philadelphia & Reading Coal & Iron Co.
165 N.Y.Supp. 910 (A.D. 1917)

Balshaw v. Balshaw
1967 S.C. 63 (1966)

Baltimore & Ohio Railroad Co. v. Kepner
314 U.S. 44 (1941)

Bata v. Bata
105 N.E.2d 623 (N.Y. 1952)

The Belgenland
114 U.S. 355 (1885)

Blandin v. Ostrander
239 F. 700 (2d Cir. 1917)

M/S Bremen and Unterweser Reederei v. Zapata
Off-Shore Company, 407 U.S. 1 (1972)

Buckeye Boiler Co. v. Superior Court
458 P.2d 57 (Cal. 1969)

Byrd v. Norfolk and Western Ry. Co.
194 A.2d 651 (D.C.App. 1963)

Canada Malting Co., Ltd. v. Paterson Steamships, Ltd.
285 U.S. 413 (1932)

Carbon Black Export v. The S.S. Monrosa
254 F.2d 297 (5th Cir. 1958)

Carey v. Southern Peru Copper Corp.
287 N.Y.S.2d 599 (A.D. 1968)

Catapodis v. Onassis
151 N.Y.S.2d 39 (S.Ct. 1956)

Central Contracting Co. v. C. E. Youngdahl & Co.
209 A.2d 810 (Pa. 1965)

Central of Georgia Ry. Co. v. Phillips
240 So.2d 118 (Ala. 1970)

Chaney v. Murphy
64 T.L.R. 489 (C.A. 1948)

Charter Shipping Co., Ltd. v. Bowring, Jones & Tidy, Ltd.
281 U.S. 515 (1930)

Chemical Carriers, Inc. v. L. Smith & Company's Internationale Sleepdienst
154 F.Supp. 886 (S.D. N.Y. 1957)

The City of Agra
35 F.Supp. 351 (S.D. N.Y. 1940)

The City of Carlisle
39 Fed. 807 (D. Or. 1889)

Cohen v. Delaware, L. & W. R. Co.
269 N.Y.Supp. 667 (S.Ct. 1934)

Cohens v. Virginia
6 Wheat. 264, 5 L.ed. 257 (1821)

Cole v. Lee
435 S.W.2d 283 (Tex.App. 1968)

Collard v. Beach
81 N.Y.Supp. 619/87 N.Y.Supp. 884 (A.D. 1903/1904)

Colt Industries, Inc. v. Sarlie
(1966) 1 W.L.R. 440 (Q.B. 1965)

Constructora Ordaz N.V. v. Orinoco Mining Co.
262 F.Supp. 91 (D. Del. 1966)

Continental Casualty Co. v. Hartford Acc. & Indemn. Co.
171 N.E.2d 68 (Ill.App. 1960)

Cordova Land Co., Ltd. v. Victor Brothers, Inc.
(1966) 1 W.L.R. 793 (Q.B. 1964)

Cotton v. Louisville and Nashville Railroad Co.
152 N.E.2d 385 (Ill. 1958)

De la Bouillerie v. De Vienne
89 N.E.2d 15 (N.Y. 1949)

De Sairigne v. Gould
83 F.Supp. 270 (S.D. N.Y. 1949), aff'd 177 F.2d 515, cert.den. 339 U.S. 912

Dietrich v. Texas National Petroleum Co.
193 A.2d 579 (Del.Super. 1963)

Domingo v. States Marine Lines
253 A.2d 78 (Del.Super. 1969), aff'd 269 A.2d 223

Drummond v. Drummond
(1866) L.R. 2 Ch. 32 (C.A.)

Egbert v. Short
(1907) 2 Ch. 205

The Eleftheria
(1969) 2 All.E.R. 641 (P.D.A.)

Elliott v. Johnston
292 S.W.2d 589 (Mo. 1956)

Empire Steel Corp. of Texas v. Superior Court
366 P.2d 502 (Cal. 1961)

The Estrella
102 F.2d 736 (3d Cir. 1938)

Export Ins. Co. v. Mitsui S.S. Co.
274 N.Y.S.2d 977 (A.D. 1966)

Faulkner v. S.A. Empresa de VARIG
222 So.2d 805 (Fla.App. 1969)

The Fehmarn
(1957) 2 All.E.R. 707 (P.D.A.), aff'd (1958) 1 All.E.R. 333 (C.A.)

Fender v. St. Louis Southwestern Ry. Co.
260 N.E.2d 373 (Ill.App. 1970)

Ferguson v. Neilson
11 N.Y.Supp. 524 (S.Ct. 1890)

Fitch v. Whaples
220 A.2d 170 (Me. 1966)

Flaiz v. Moore
353 S.W.2d 74 (Tex.App. 1962), rev'd 359 S.W.2d 872 (Tex. 1962)

Foss v. Richards
139 A. 313 (Me. 1927)

Foster v. Foster's Trustees
1923 S.C. 212 (1922)

Fourth Northwestern National Bank v. Hilson Industries
117 N.W.2d 732 (Minn. 1962)

Gainer v. Donner
251 N.Y.Supp. 713 (S.Ct. 1931)

Gardner v. Thomas
14 Johns.R. 134 (N.Y. S.Ct. 1817)

Gilbert v. Gulf Oil Corp.
62 F.Supp. 291 (S.D. N.Y. 1945), rev'd 153 F.2d 883, rev'd und Ersturteil aff'd 330 U.S. 501 (1946)

Giseburt v. Chicago, Burlington & Quincy Railroad Co.
195 N.E.2d 746 (Ill.App. 1964)

Gonzales v. Atchinson Topeka and Santa Fe Ry. Co.
371 P.2d 193 (Kan. 1962)

Goodwine v. Superior Court
407 P.2d 1 (Cal. 1965)

Gore v. U.S. Steel Corp.
104 A.2d 670 (N.J. 1954)

Grace v. MacArthur
170 F.Supp. 442 (E.D. Ark. 1959)

Great Northern Railway Co. v. Superior Court
12 Cal.App.3d 105, 90 Cal.Rptr. 461 (1970)

Green v. Green
221 N.E.2d 857 (Mass. 1966)

Gulf Oil Corp. v. Gilbert
330 U.S. 501 (1946)

Hagen v. Viney
169 So. 391 (Fla. 1936)

Hamilton v. Luckenbach S.S. Co., Inc.
114 N.Y.S.2d 490 (City Ct. 1952)

Hanson v. Denckla
357 U.S. 235 (1958)

The Harfry
39 F.Supp. 893 (D. N.J. 1941)

Harris v. Balk
198 U.S. 215 (1905)

Hartunian v. Wolflick
122 N.E.2d 622 (Ind.App. 1954)

Hellenic Lines, Ltd. v. Rhoditis
412 F.2d 919 (5th Cir. 1969), aff'd 398 U.S. 306

Henry R. Jahn & Son v. Superior Court
323 P.2d 437 (Cal. 1958)

Hernandez v. Cali, Inc.
301 N.Y.S.2d 397 (A.D. 1969)

Hill v. Upper Mississippi Towing Corp.
89 N.W.2d 654 (Minn. 1958)

Hoffman v. Goberman
420 F.2d 423 (3d Cir. 1970)

Horner v. Pleasant Creek Mining Corp.
107 P.2d 989 (Or. 1940)

Hunter v. Hosmer
254 N.Y.Supp. 635 (S.Ct. 1931)

Illinois Central Railroad Co. v. Moore
215 So.2d 419 (Miss. 1968)

Indussa Corp. v. S.S. Ranborg
377 F.2d 200 (2d Cir. 1967)

International Shoe Co. v. Washington
326 U.S. 310 (1945)

Ivy v. Stoddard
147 N.Y.S.2d 469 (S.Ct. 1955)

Jackson v. Spittall
(1870) L.R. 5 C.P. 542

Jackson & Sons v. Lumbermen's Mut. Cas. Co.
168 A. 895 (N.H. 1930)

Jewett v. Gardner
73 N.Y.S.2d 782 (S.Ct. 1947)

John Fabick Tractor Co. v. Penelope Shipping Co.
278 F.Supp. 182 (S.D. N.Y. 1967)

John Russell & Co. v. Cayzer, Irvine & Co.
(1916) 2 A.C. 298 (H.L.)

Johnson v. Chicago, Burlington & Quincy Railroad Co.
66 N.W.2d 763 (Minn. 1954)

Jones v. United States Lines
318 N.Y.S.2d 557 (A.D. 1971)

Kapatsos v. M/V Barlby
238 F.Supp. 654 (E.D. La. 1965)

Kasey v. Molybdenum Corp. of America
408 F.2d 16 (9th Cir. 1969)

In Re Kernot (An Infant)
(1965) 1 Ch. 217 (1964)

Kilpatrick v. Texas & P. Ry. Co.
166 F.2d 788 (2d Cir. 1948), cert.den. 335 U.S. 814

Kloeckner Reederei und Kohlenhandel GmbH v. A/S Hakedal
210 F.2d 754 (2d Cir. 1954)

Kolber v. Holyoke Shares, Inc.
213 A.2d 444 (Del. 1965)

Koster v. Lumbermens Mutual Cas. Co.
330 U.S. 518 (1946)

Landis v. North American Co.
299 U.S. 248 (1936)

Lansverk v. Studebaker-Packard Corp.
338 P.2d 747 (Wash. 1959)

Latimer v. S/A Industrias Reunidas F. Matarazzo
175 F.2d 184 (2d Cir. 1949), cert.den. 338 U.S. 867

Lau v. Chicago & North Western Ry. Co.
111 N.W.2d 158 (Wis. 1961)

Lenders v. Anderson
12 Q.B.D. 50 (1883)

Levin v. Mississippi River Corp.
289 F.Supp. 353 (S.D. N.Y. 1968)

Loftus v. Lee
308 S.W.2d 654 (Mo. 1958)

Logan v. The Bank of Scotland
(1906) 1 K.B. 141 (1905)

The Lynghaug
42 F.Supp. 713 (E.D. Pa. 1941)

MacDonald v. Mabee
243 U.S. 90 (1917)

McGee v. International Life Ins. Co.
355 U.S. 220 (1957)

McHenry v. Lewis
22 Ch.D. 397 (1882)

McHugh v. Paley
314 N.Y.S.2d 208 (S.Ct. 1970)

McKinney v. Houghland Towing Co.
248 N.E.2d 322 (Ill.App. 1969)

Mackender v. Feldia A.G.
(1967) 2 Q.B. 590 (C.A. 1966)

Maharanee of Baroda v. Wildenstein
(1972) 2 Q.B. 283

Malak v. Upton
3 N.Y.S.2d 248 (S.Ct. 1938)

The Metamorphosis
(1953) 1 All.E.R. 723 (P.D.A.)

Mobil Tankers Co. v. Mene Grande Oil Co.
363 F.2d 611 (3d Cir. 1966), cert.den. 385 U.S. 945

The Monte Urbasa
(1953) 1 Lloyd's Rep. 587 (P.D.A.)

Monteiro v. Sociedad Maritima San Nicolas S.A.
280 F.2d 568 (2d Cir. 1960)

Mooney v. Denver & R.G.W.R. Co.
221 P.2d 628 (Utah 1950)

Moore v. Ohio River Co.
177 A.2d 493 (Pa. 1961)

Mullane v. Central Hanover Bank & Trust Co.
339 U.S. 306 (1950)

Murnan v. Wabash Ry. Co.
226 N.Y.Supp. 393 (A.D. 1928)

Nader v. General Motors Corp.
298 N.Y.S.2d 137 (A.D. 1969)

Nashua River Paper Co. v. Hammermill Paper Co.
111 N.E. 678 (Mass. 1916)

National Telephone Manufacturing Co. v. Dubois
42 N.E. 510 (Mass. 1896)

New Amsterdam Casualty Co. v. Estes
228 N.E.2d 440 (Mass. 1967)

In Re Norton's Settlement
(1908) 1 Ch. 471

Norwood v. Kirkpatrick
349 U.S. 29 (1955)

O'Brien v. Virginia-Carolina Chemical Corp.
206 A.2d 878 (N.J. 1964)

Odita v. Elder Dempster Lines, Ltd.
286 F.Supp. 547 (S.D. N.Y. 1968)

Oppenheimer v. Louis Rosenthal & Co. A.G.
(1937) 1 All.E.R. 23, 215 (C.A. 1936)

In Re Orr Ewing
22 Ch.D. 456 (1882)

Parsons v. Chesapeake & Ohio Railway Co.
375 U.S. 71 (1963)

Parvin v. Kaufmann
236 A.2d 425 (Del. 1967)

Pennoyer v. Neff
95 U.S. 714 (1878)

People v. Donovan
195 N.E.2d 634 (Ill. 1964)

Peterie v. Thompson
134 N.E.2d 534 (Ill.App. 1956)

Pharo v. Piedmont Aviation, Inc.
310 N.Y.S.2d 120 (A.D. 1970)

Pietraroia v. New Jersey & H.R.Ry. & Ferry Co.
91 N.E. 120 (N.Y. 1910)

Plum v. Tampax, Inc.
168 A.2d 315 (Pa. 1961)

Poulos v. The Ionic Coast
264 F.Supp. 237 (E.D. La. 1967)

Price v. Atchinson, T. & S.F.Ry. Co.
268 P.2d 457 (Cal. 1954)

Pruitt Tool & Supply Co. v. Windham
379 P.2d 849 (Okl. 1963)

Radio Corp. of America v. Rotman
192 A.2d 655 (Pa. 1963)

Ramsey v. Chicago Great Western Railway Co.
77 N.W.2d 176 (Minn. 1956)

Rath Packing Co. v. Intercontinental Meat Traders, Inc.
181 N.W.2d 184 (Iowa 1970)

Reep v. Butcher
27 N.Y.S.2d 330 (S.Ct. 1941)

Rini v. New York Central Railroad Co.
240 A.2d 372 (Pa. 1968)

Robinson v. Oceanic Steam Nav. Co.
19 N.E. 625 (N.Y. 1889)

Rosler v. Hilbery
(1925) 1 Ch. 250 (C.A. 1924)

Running v. Southwest Freight Lines
303 S.W.2d 578 (Ark. 1957)

Salomon v. Union Pac. R. Co.
94 N.Y.S.2d 429 (City Ct. 1949)

In Re Schintz
(1926) 1 Ch. 710

Seider v. Roth
269 N.Y.S.2d 99 (C.A. 1966)

Selig v. Selig
268 A.2d 215 (Pa.Super. 1970)

Semanishin v. Metropolitan Life Ins. Co.
218 A.2d 401 (N.J. 1966)

Silver v. Great American Insurance Co.
316 N.Y.S.2d 186 (A.D. 1970)

Simpson v. Loehmann
287 N.Y.S.2d 633 (C.A. 1967)

Slater v. Mexican National Railroad Co.
194 U.S. 120 (1904)

Smith v. Globe Indemnity Co.
243 So.2d 882 (La.App. 1971)

La Société du Gaz de Paris v. La Société Anonyme du Navigation "Les Armateurs Français"
1925 S.C. 332, aff'd 1926 S.C. (H.L.) 13 (1925)

Société Générale de Paris v. Dreyfus Brothers
29 Ch.D. 239 (1885), order discharged: 37 Ch.D. 215 (C.A. 1887)

Southern Railway Co. v. Bowling
129 So.2d 433 (Fla.App. 1961)

Southern Railway Co. v. McCubbins
196 So.2d 512 (Fla.App. 1967)

The Soya Margareta
(1960) 2 All.E.R. 756 (P.D.A.)

St. Louis-San Francisco Ry. Co. v. Superior Court
276 P.2d 773 (Okl. 1954), 290 P.2d 118 (Okl. 1955)

St. Pierre v. South American Stores (Gath and Chaves), Ltd.
(1936) 1 K.B. 382 (C.A. 1935)

Starr v. Berry
138 A.2d 44 (N.J. 1958)

State v. Second Judicial District Court
385 P.2d 772 (Nev. 1963)

State ex rel. Great N.Ry. v. District Court
365 P.2d 512 (Mt. 1961)

State, ex parte, ex rel. Southern Ry. Co.
47 So.2d 249 (Ala. 1950)

State of Missouri ex rel. Southern Ry. Co. v. Mayfield
340 U.S. 1 (1950)

State of Missouri v. Riederer
454 S.W.2d 36 (Mo. 1970)

States Marine Lines v. Domingo
269 A.2d 223 (Del. 1970)

Stevenson v. United States
197 F.Supp. 355 (M.D. Tenn. 1961)

Swift & Co. v. Compania Columbiana
339 U.S. 684 (1950)

Takemura v. The S.S. Tsuneshima Maru
197 F.Supp. 909 (S.D. N.Y. 1961)

Thistle v. Halstead
58 A.2d 503 (N.H. 1948)

Thomson v. Continental Insurance Co.
427 P.2d 765 (Cal. 1967)

Thornton v. Thornton
11 P.D. 176 (C.A. 1886)

Torres v. Gamble
410 P.2d 959 (N.M. 1966)

United States v. E. I. du Pont de Nemours & Co.
87 F.Supp. 962 (N.D. Ill. 1950)

United States Merchants' & Shippers' Ins. Co. v. A/S
Den Norske Afrika og Australie Line
65 F.2d 392 (2d Cir. 1933)

Universal Adjustment Corp. v. Midland Bank, Ltd.
184 N.E. 152 (Mass. 1933)

Unterweser Reederei GmbH v. Zapata Off-Shore Co.
(1968) 2 Lloyd's Rep. 158 (C.A.)

In Re Unterweser Reederei GmbH
428 F.2d 888 (5th Cir. 1970), rev'd 407 U.S. 1 (1972)

Vaage v. Lewis
288 N.Y.S.2d 521 (A.D. 1968)

Van Winkle-Hooker Co. v. Rice
448 S.W.2d 824 (Tex.App. 1969)

Vanity Fair Mills, Inc. v. T. Eaton Co.
234 F.2d 633 (2d Cir. 1956), cert.den. 352 U.S. 871

Vargas v. A. H. Bull Steamship Co.
131 A.2d 39 (N.J.Super. 1957)

Varkonyi v. S.A. Empresa de Viacao A.R.G.
292 N.Y.S.2d 670 (C.A. 1968)

Wagner v. Braunsberg
173 N.Y.S.2d 525 (A.D. 1958)

Walker v. Ohio River Co.
205 A.2d 43 (Pa. 1964)

Wall Street Traders v. Sociedad Espanola de Construccion Naval
245 F.Supp. 344 (S.D. N.Y. 1964)

Walsh v. Crescent Hill Co.
134 A.2d 653 (D.C.App. 1957)

Wangler v. Harvey
196 A.2d 513 (N.J. 1963)

Wertheim v. Clergue
65 N.Y.Supp. 750 (A.D. 1900)

Wheeler v. Société Nationale des Chemins de Fer Français
108 F.Supp. 652 (S.D. N.Y. 1952)

White v. Boston & M.R.R.
129 N.Y.S.2d 15 (A.D. 1954)

Whitney v. Madden
79 N.E.2d 593 (Ill. 1948)

Wilburn v. Wilburn
192 A.2d 797 (D.C.App. 1963)

Williams v. Seaboard Air Line Railroad Co.
193 N.Y.S.2d 588 (A.D. 1959)

Winsor v. United Air Lines, Inc.
154 A.2d 561 (Del.Super. 1958)

Wm. H. Muller & Co, Inc. v. Swedish American Line, Ltd.
224 F.2d 806 (2d Cir. 1955), cert.den. 350 U.S. 903

Yerostathis v. A. Luisi, Ltd.
380 F.2d 377 (9th Cir. 1967)

Zucker v. Raymond Laboratories, Inc.
74 N.Y.S.2d 7 (S.Ct. 1947)

Zurick v. Inman
426 S.W.2d 767 (Tenn. 1968)

Printed by Libri Plureos GmbH
in Hamburg, Germany